Die esoterische Deutung des Tarot

LARS PETER KRONLOB

DIE ESOTERISCHE DEUTUNG DES TAROT

EDITION ESOTERICK PUBLISHING
XLIX A.S.

1. Auflage September 2002
2. überarbeitete Neuauflage Juli 2014

E-Mail: edition@esoterick.de
Web: **www.esoterick.de**

Umschlaggestaltung und Layout: Lars Peter Kronlob
Coverfoto: Lars Peter Kronlob
aufgenommen an Walpurgisnacht 2014
auf dem Michaelsberg in Siegburg

Druck und Vertrieb: Books on Demand GmbH, Norderstedt

Made in Germany

ISBN: 978-3-936830-47-7

Inhaltsverzeichnis

Vorbemerkung

Sie benötigen für die Arbeit mit diesem Buch ein Rider Waite Tarot-Deck, herausgegeben vom Königsfurt-Urania Verlag.

Einleitung zum Verständnis

Das Bücherangebot zum Thema Tarot ist eigentlich sehr umfassend, aber beim Studium des Tarot mußte ich feststellen, daß meist eine exoterische, d.h. auf der äußeren Welt beruhende Deutung bevorzugt wird. Mir geht es im vorliegendem Buch jedoch um das tiefere Verständnis des Tarot in esoterischer Hinsicht. Lassen Sie mich den Unterschied zwischen den jeweiligen Sichtweisen erklären: Die exoterische Deutung sieht in der gezogenen Karte ein äußeres Ereignis, eine Situation in der äußeren Welt oder auch eine Person im äußeren Leben des Fragenden. Die esoterische Deutung jedoch beruht darauf, in der Karte einen *inneren* Persönlichkeitsaspekt oder ein *internes* Muster zu sehen. Die Karte repräsentiert aus dieser Sichtweise heraus den zu berücksichtigenden Aspekt der Persönlichkeit oder den momentanen inneren, psychischen Zustand im Bezug zu der gestellten Frage bzw. der Position der Karte innerhalb der Legung. Bei den hohen Arkana sind viele der Karten zudem allegorische Bilder, die einen Prozeß oder ein Prinzip darstellen.

Natürlich ist es möglich, daß ein äußeres Ereignis möglicherweise eintreffen kann, wenn der Aspekt der Karte aufgrund von Unbewußtheit oder Ablehnung von Verantwortung in die Umwelt projiziert wird, und somit von außen auferlegt scheint, da der Betreffende das Thema der Karte nicht in seinem Inneren sucht und bearbeitet. Unabhängig davon, ob das Thema unbewußt oder bewußt behandelt wird, geht die esoterische Sicht davon aus, daß jedwedes Denken schöpferisch wirkt und damit das Innere in der Außenwelt erschafft oder im Rahmen des Resonanzgesetzes anzieht. Eine Legung sollte daher immer Hilfe zur Bewußtwerdung des eigenen Denkens sein, um die Prinzipien an die Oberfläche zu bringen, die zur Manifestation der eigenen, persönlichen Realität führen.

Die im Verlauf des Buches erwähnten geistigen Gesetze, wie beispielsweise das Resonanzgesetz, möchte ich als natürliche Gesetzmäßigkeiten verstanden wissen. Obwohl es sich dabei um Abläufe handelt, bei denen Bewußtsein und Quantenphysik interagieren, so ist es doch wichtig zu verstehen, daß auch dieser Bereich ein Teil des *materiellen* Universums ist. Weiterhin ist es die Überzeugung des Autors, daß die durch die Karten vermittelten Erkenntnisse *nicht* von externen Wesenheiten (Gott, Engel o.ä.) stammen, sondern das Tarot lediglich als Medium für den Zugriff auf das Unterbewußtsein fungiert. Wenn ich innerhalb des Buches die Bezeichnung „das Göttliche“ in Anführungszeichen oder in Klammern verwende, dann geschieht dies nur zum besseren Verständnis für diejenigen Leser, die eine religiöse Auffassung der Natur und des Universums haben.

Vorgehensweise bei einer Tarot-Legung

Eine Legung sollte folgendermaßen durchgeführt werden:

1. Mischen Sie die Karten so lange gut durch, bis Sie der Meinung sind oder das Gefühl haben, sie sind gut gemischt. Mischen Sie die Karten dabei aber nur in Ihren Händen, legen Sie sie nicht auf den Boden oder den Tisch und mischen Sie die Karten nicht wie ein Memory-Spiel, damit keine Karten auf dem Kopf stehen. Es gibt Menschen, die eine Karte, die anders herum gezogen wird auch anders deuten, jedoch enthält jede Karte auch ihre Polarität oder Schatten, daher ist dies nicht notwendig.
2. Verwenden Sie nach dem Mischen nur noch Ihre linke Hand, da diese mit Ihrer rechten Gehirnhälfte verbunden ist, dem Sitz der emotionalen und intuitiven Gedanken und Ihre Verbindung zu Ihrem Unterbewußtsein. Linkshänder verfahren entgegengesetzt.
3. Legen Sie die Karten mit dem Gesicht nach unten von links nach rechts zu einem Fächer aus. Achten Sie darauf, daß nicht mehrere Karten übereinander liegen.
4. Sagen Sie sich die Bedeutung der Karte, welche sie ziehen und wiederholen Sie die Bedeutung im Geiste.
5. Ziehen Sie intuitiv eine beliebige Karte. Da es keine „Zufälle“ gibt, können Sie nicht die falsche Karte ziehen.
6. Legen Sie die Karte mit dem Bild nach unten zur Seite.
7. Ziehen Sie nach der gleichen Methode die weiteren Karten für die Legung und stapeln Sie sie aufeinander.

8. Wenn Sie die letzte Karte gezogen haben, legen Sie alle übrigen Karten beiseite und breiten Sie die gezogenen Karten immer noch verdeckt entsprechend dem Muster der Legung vor sich aus. Die unterste Karte Ihres Stapels entspricht dabei der Karte mit der Nummer eins, usw.

9. Decken Sie immer nur eine Karte zur Deutung auf, damit Sie nicht durch die anderen Karten abgelenkt werden oder voreilige Schlüsse ziehen. Bleiben Sie solange bei der Deutung der aktuellen Karte, bis Sie eine für Sie stimmige Deutung gefunden haben. Dekken Sie erst dann die nächste Karte auf. Mit jeder weiteren Karte ergeben sich Zusammenhänge, die Sie in der Deutung der vorherigen Karten bestätigen oder sich widersprechen, so daß Sie mit der Zeit immer mehr lernen und die Karten zusammenhängender deuten können.

10. Wenn Sie die Deutung der letzten Karte abgeschlossen haben, fassen Sie die Bedeutung der Legung für sich zusammen und versuchen Sie, die Quintessenz der Legung zu finden.

11. Schreiben Sie das Ergebnis auf, wenn es sich um eine große, wichtige Legung handelt, damit Sie später nochmals nachsehen können.

12. Verfahren Sie auf die gleiche Weise, wenn Sie eine Legung für eine andere Person durchführen. Beachten Sie dabei, daß Sie nicht für jemand anderes die Karten mischen oder ziehen können, da die passenden Karten durch das Unterbewußtsein des Fragenden bestimmt werden. (Ausnahmen bilden lediglich Personen, die sich auf die Energie und das Unterbewußtsein einer anderen Person einstimmen können.)

13. Führen Sie große Legungen (z.B. Das „Keltische Kreuz“, siehe Abb.), bei denen es um wichtige Anteile oder starke Muster im Leben geht, nicht zu oft durch, sondern erst, wenn Sie das Gefühl haben, Sie sind einen Schritt weiter gekommen.

14. Machen Sie die gleiche Legung nicht zur Überprüfung zweimal hintereinander. Da Sie beim Überprüfen eine andere Geisteshaltung haben werden, die auf Skepsis oder Mißtrauen aufbaut, werden Sie wahrscheinlich andere Karten ziehen und die abweichenden Antworten werden Sie nur verwirren. Wenn Sie die Legung korrekt, konzentriert und mit der entsprechenden Einstellung und Geisteshal-

tung durchgeführt haben, dann vertrauen Sie darauf, daß es sich um die für Sie richtigen Karten handelt.

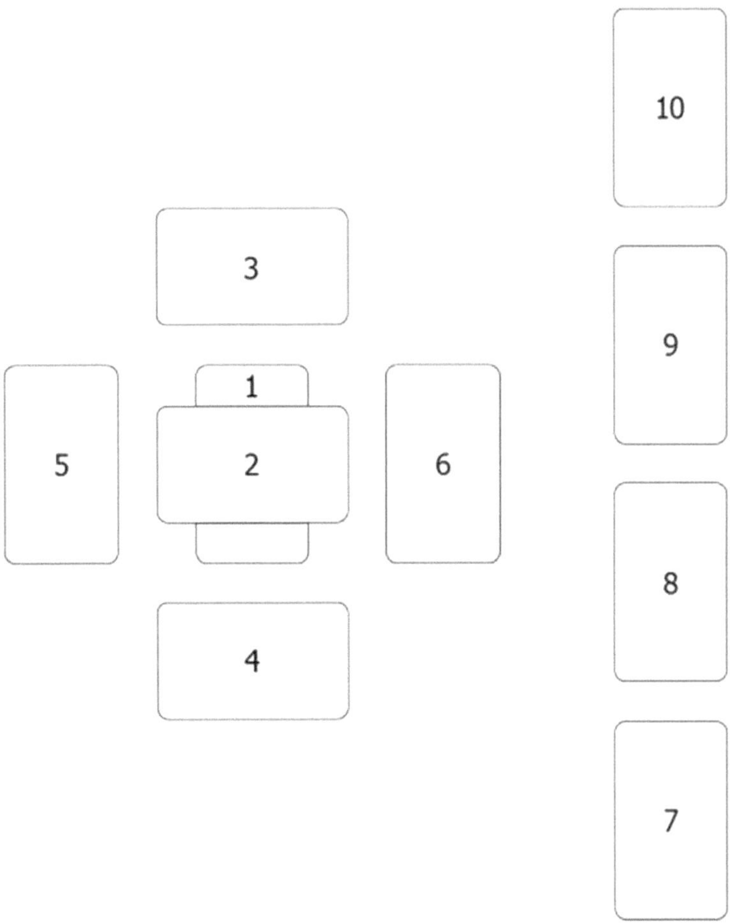

Abb. „Keltisches Kreuz“

Legung „Keltisches Kreuz“

1. Mein Selbst / Das aktuelle Hauptthema im Leben
2. Wie gehe ich damit um? Was durchkreuzt Karte 1?
3. Was würde mir gut tun oder mich erfreuen?
4. Wovor habe ich Angst?
5. Ein wichtiger Einfluß aus der Vergangenheit
6. Eine Tendenz in die Zukunft
7. Was bin ich?
8. Was kann ich?
9. Was will ich?
10. Wohin führt mich das ganze?

Die hohen Arkana

Das Wort *Arkanum* bedeutet Geheimnis und weist uns darauf hin, daß die Tarotkarten ursprünglich nicht zur Divination gedacht waren, sondern Träger von Geheimnissen waren, die so über die Zeit bewahrt wurden. Den Schöpfern der Karten muß bewußt gewesen sein, daß mündliche Weitergabe mit der Zeit verfälscht worden wäre und sogar schriftliche Niederlegung irgendwann nicht mehr der ursprünglichen Bedeutung entsprochen hätte, wie man am Beispiel der Bibel sehr gut erkennen kann, die über die Jahrhunderte viele Zensuren und Änderungen durch die persönliche moralische oder idealistische Sicht einiger weniger erhalten hat.

Niemandem ist genau bekannt, wie alt das Tarot wirklich ist, darüber gibt es viele Theorien, aber es beinhaltet Symbole vieler Kulturen und Zeitalter. Wir finden ägyptische, alchimistische, astrologische, indische, germanische, keltische, hebräische und christliche Einflüsse auf den verschiedenen Karten. Bei anderen Tarot-Decks ist zudem ein starker Einfluß der Kabbala zu erkennen. Heutzutage wird das Tarot hauptsächlich zur Divination, zur Auslegung und Deutung bestimmter Lebenssituationen gebraucht.

Die 22 hohen Arkana, welche einen Namen und eine Nummer von 0 bis 22 tragen, sind hierbei in ihrer Bedeutung von größerer Wichtigkeit und stärkerer Aussagekraft. Sie zeigen an, daß es sich bei der entsprechenden Position oder Frage um einen besonders wichtigen Persönlichkeitsanteil oder ein starkes Muster bzw. ein sehr wichtiges zu berücksichtigendes Prinzip handelt.

Weiterhin sollte beachtet werden, daß die Tarotkarten *nicht* die Zukunft anzeigen können, auch wenn Ihnen dies von jemandem, der Ihnen die Karten deutet, erzählt werden sollte. Eine Tarotkarte zeigt eine analog zur entsprechenden Situation und Position passende Karte Ihres Inneren an, und zwar immer und *ausschließlich* zum Zeitpunkt der Legung. Bei einer Person, die relativ unbewußt lebt, und daher für einen Menschen ziemlich berechenbar ist, der dessen Muster kennt, kann die Karte eine bestimmte Tendenz anzeigen, die *wahrscheinlich* ist, aber da jeder Mensch über einen freien Willen verfügt, hat er stets die Möglichkeit, eine von vielen möglichen Varianten seiner persönlichen Zukunft zu *wählen*. Seien Sie sich der Tatsache bewußt, daß unser subjektives Bewußtsein unsere Realität erschafft. Die Karten zeigen kein unausweichliches Schicksal an, sondern enthalten Chancen und Hinweise, wie wir mit einer Situation oder einer inneren Einstellung umgehen sollten, um uns weiterzuentwickeln und zu wachsen. Aus diesem Grund macht ein seriöser Tarotberater niemals Vorhersagen und ist sehr vorsichtig mit Prognosen.

Noch eine Anmerkung: Ich beschreibe bei der Abhandlung einzelne Elemente und bestimmte Farben auf den jeweiligen Karten aus zwei Gründen: Erstens, weil die Abbildung der Karten innerhalb des Buches in schwarzweiß erscheinen (im E-Book wurden sie aus Speicherplatzgründen nicht integriert), und zweitens, weil ich auf die besondere Bedeutung, insbesondere der Farbverwendung explizit hinweisen und die Aufmerksamkeit darauf lenken möchte. Es gibt keine Elemente auf den Karten, die ohne Bedeutung sind.

Karte 0
Der NARR
(The FOOL)

Allgemeine Bedeutung:
non-duales Leben im Hier und Jetzt
Schatten: Naivität, Unbewußtheit
Archetypus: Der Erleuchtete
Höheres Ziel:
Überwindung des Dualismus
Astrologische Zuordnung:
keine Zuordnung, der Narr steht außerhalb von allem

Der Narr ist die wohl am schwierigsten zu deutende Karte im Tarot. Allein die Bezeichnung läßt viele Menschen auf typische Eigenschaften eines Narren oder Clowns schließen. Doch der Narr stellt keinen Menschen dar, der einfach nur spaßig ist oder die Leute veralbert. Die Tatsache, daß er durch die Null dargestellt wird, zeigt an, daß er eigentlich nirgendwo einzuordnen ist. In früheren Zeiten hatte der Narr am Hofe eines Königs die sprichwörtliche Narrenfreiheit, er war der Einzige, der die Wahrheit offen aussprechen durfte, ohne dafür zur Rechenschaft gezogen zu werden. Er stand außerhalb.

In vielen Büchern wird der Narr aufgrund seiner Unbeschwingtheit als Ausdruck des inneren Kindes gedeutet. Ich stimme dem nicht zu. Der Narr repräsentiert in gewisser Weise Eigenschaften eines Kindes, das noch nicht den stereotypen Schubladenbewertungen der sogenannten Erwachsenen folgt und noch nicht in duales Denken verfallen ist. Er lebt ausschließlich im Hier und Jetzt und macht sich keine Sorgen, da dies implizieren würde, daß er eine Vorstellung von Vergangenheit oder Zukunft haben müßte, die er aber nicht hat. Auch besitzt er kein Ego, welches auch ein Kleinkind erst mit der Zeit entwickelt. Doch sein inneres Kind kann auch jemand ausleben, der in der Polarität lebt. Jeder Erwachsene hat es in sich. Das innere

Kind wird, wie wir noch sehen werden, von der Karte XIX – Die SONNE repräsentiert.

Der Narr stellt den Anfang und das Ende des Tarot dar. Bei ihm fängt die Entwicklung an und bei ihm endet sie. So wie das Kind irgendwann in Dualismen denken wird und ein Ego entwickelt, wird auch der Narr diese Entwicklung machen. Aber so wie das Kind heranwächst, Erfahrungen macht und als Aufgabe hat, Polarität als notwendiges Konzept zu erfahren und später das Konzept der Dualität als solches zu überwinden, wird am Ende der Entwicklung das Ego überwunden und die ursprüngliche Einheit wieder hergestellt. Dies wird durch die weiße Sonne über ihm angezeigt. Die Tatsache, daß er am Rande des Abgrunds wandert, macht klar, daß er keine Angst hat und sich keine Sorgen macht. Auch sein Beutel enthält nur sehr wenig, da er im Hier und Jetzt, von der Hand in den Mund lebt. Er vertraut darauf, daß das Leben (Gott) ihm alles geben wird, dessen er bedarf. Er ist rein und unschuldig, wie die weiße Rose, sein weißes Untergewand und sein weißer Begleiter, der Hund, anzeigen. Auch kann der Narr nicht astrologisch zugeordnet werden, da er keinem astrologischen Prinzip entspricht. Er ist nicht, wie ich oft lese, dem Uranus zugeordnet. Das Uranus-Prinzip stellt etwas völlig anderes dar, als das, was der Narr verkörpert. Bei Uranus handelt es sich immer um eine starke, plötzliche Energieentladung. Auch Revolution, Umsturz und Rebellion sind dem Uranus-Prinzip zugeordnet, weshalb die Karte XVI – Der TURM eindeutig das Uranus-Prinzip darstellt.

Die Tatsache, daß er seine weiße Rose in die Höhe hält, könnte man auch dahingehend interpretieren, daß er seine Leidenschaften und vor allem seine Liebe auf eine höhere Ebene transzendiert hat, was ihm durchaus Eigenschaften des Neptun-Prinzips verleiht. Er hat dieses Prinzip so sehr verinnerlicht, daß er nicht mehr wertet, sondern seine unpersönliche Liebe auf die gesamte Schöpfung ausgedehnt hat. Und dies erklärt, warum er zwar auch den Archetyp von Jesus Christus verkörpert, der das Fische-Zeitalter mit dem Herrscher Neptun einleitete und dessen Anhänger auch heute noch den Fisch als Symbol verwenden, aber nicht das Prinzip an sich verkörpert, da der mythologische Jesus klar gesagt hat, daß sein Reich nicht von dieser Welt ist. Der Narr symbolisiert dieses non-duale Reich. Er ist keinem dualem Prinzip zuzuordnen, da er geistig gesehen nicht in der Dualität lebt. Er lebt nicht in der linearen Zeit und unterliegt nicht dem begrenzten Ego. Deshalb wird er mit der Zahl Null gezeigt, die eigentlich keine Zahl ist. Die Null ist wie ein Kreis, der keinen Anfang und kein Ende hat. Und daher steht der Narr auch für das Nichts, was nicht einfach einen Zustand oder einen Raum beschreibt, in dem nichts ist, sondern nur die Abwesenheit von „etwas", von etwas Bestimmtem, da dies eine Aufteilung in duale Gegensätze bedingen würde. Das Absolute kann nicht genau mit Worten erklärt werden. Es ist alles, aber auch nichts, hier und nirgendwo. Die englischen Worte dafür zeigen die Verbindung: *nowhere* (nirgendwo) und *now here* (jetzt hier). Doch auch wenn wir diesen Zustand nicht genau begreifen können, so können wir doch etwas daraus lernen. Der Narr steht für die Erkenntnis, daß Dualismen nur Konzepte, nur eine Illusion sind, in Wirklichkeit sind die Dinge einfach wie sie sind. Und der Narr weiß das und handelt in jedem Moment danach. Das ist der Grund, warum ihn die Welt für einen Narren hält: weil sie ihn nicht versteht. Das interessiert den Narren aber nicht, da er sich befreit hat von Zuordnungen und Bewertungen und somit von allem Leid. Er würde sogar angesichts von Umständen ruhig und gelassen bleiben, welche die meisten Menschen als Katastrophe ansehen würden, weil er nicht in der Illusion lebt, außerhalb der Bewertung. Für ihn gibt es kein „besser" oder „schlechter" mehr, kein „schöner", „wichtiger" oder schlimmer". Er *ist* einfach. Und die eigentlich so einfach anmutende Tatsache, einfach „zu sein", ist für die meisten Menschen das Schwierigste in ihrem Leben.

Karte I
Der MAGIER
(The MAGICIAN)

Allgemeine Bedeutung:
Der Beherrscher der 4 Elemente und ihrer Vereinigung durch das 5. Element (der bewußte, schöpferische Wille), Der Meister
Schatten:
Manipulation, Machtmißbrauch
Archetypus:
Der bewußt geistige Schöpfer
Höheres Ziel:
Meisterschaft, Erkenntnis
Astrologische Zuordnung:
Merkur / alle Elemente

Der Magier hat vor sich einen Tisch stehen, auf dem ein Schwert, ein Kelch, eine Münze und ein Stab liegen. Dies zeigt an, daß er alle vier Elemente, deren Symbole übrigens an der Seite der Tischplatte etwas verschwommen erscheinen, beherrscht und daß er die unterschiedlichen Energiequalitäten in Einklang gebracht hat. Er befindet sich in einem Zustand der Ausgeglichenheit. Die Art, wie er den Stab in seiner rechten Hand hält und die Geste seiner linken Hand bedeuten, daß er sich als Mittler oder Medium für die göttliche Energie zur Verfügung stellt. Der Stab ist Symbol des fünften Elements, seinem bewußten Willen, welcher die anderen vier Elemente verbindet und vereint. Er ist Symbol für die Erkenntnis, welche die Menschheit seit ewigen Zeit sucht, er ist der Stein der Weisen und der heilige Gral. Dem Magier ist klar, daß nur sein schöpferisches Bewußtsein ihn über die materielle Welt erhebt und ihn damit zum Meister des Schicksals macht. Er leistet keinen Widerstand mehr gegen das Leben und die göttliche Energie, sondern er läßt sie durch sich hindurchfließen. Er ist der Meister der polaren Welt, aber er hat sie noch nicht überwunden. Er trägt ein weißes Gewand, aber er hat darüber noch eine rote Robe an, die anzeigt, daß er durchaus noch Leidenschaften, Ziele und einen persönlichen Willen hat.

Der Magier verkörpert den bewußten Willen, astrologisch gesehen das Merkur-Prinzip, der ihm die Macht verleiht, sein Schicksal selbst zu bestimmen. Er hat sich von der Kontrolle seines Unterbewußtseins gelöst und wird nicht mehr von ihm beherrscht. In der griechischen Mythologie ist Merkur, oder Hermes, der Bote der Götter. Wie ich schon erwähnt habe, läßt der Magier die (göttliche) Energie durch sich hindurchfließen, und ist somit natürlich auch ein Bote „Gottes“. Außerdem ist der mythologische Hermes nichtgeschlechtlich, also hermaphrodit. Auch der Magier ist auf eine Art nicht mehr einem bestimmten Geschlecht zugeordnet, da er männliche und weibliche Energie synthetisch in sich vereinigt. Die christlichen Engel, die ja auch Boten „Gottes“ sind, werden auch als hermaphrodit dargestellt, obwohl sie meist männliche Namen tragen.

Die liegende Acht über seinem Kopf, die Lemniskate, die auch als Symbol für die Ewigkeit bezeichnet wird, bedeutet, daß ihm die geistigen Gesetze bewußt sind, daß es keinen Anfang und kein Ende gibt, daß alles in Zyklen verläuft und sich wiederholt. Auch sein Gürtel, der eine Schlange darstellt, die sich selbst in den Schwanz beißt, und somit einen Kreis bildet, verbildlicht die gleichen Prinzipien. Kraft seines Wissens und seiner Bewußtheit ist der Magier in der Lage, den Garten um sich herum nach seinen Idealen zu formen und erblühen zu lassen.

Karte II
Die HOHEPRIESTERIN
(The HIGH PRIESTESS)

Allgemeine Bedeutung:
Balance von Intuition/Empathie und Intellekt
Schatten: Ich-Auflösung
Archetypus: Die weise Frau
Höheres Ziel:
geistige Fruchtbarkeit
Astrologische Zuordnung:
(Neptun-)Mond / Wasser

Die Hohepriesterin sitzt, oder besser: thront gleich in zweifacher Weise in der Mitte zwischen zwei Polen, einerseits zwischen den beiden Säulen *Boas* und *Jachin* (entspricht dem Prinzip von Yin und Yang), und andererseits wird die Karte auf der vertikalen Ebene exakt in den oben gelegenen Himmel und den darunter befindlichen Ozean geteilt. Auch die Darstellung und Kleidung der Hohepriesterin unterstützt diese polare Darstellung. Ihr blaues Gewand wirkt im oberen Bereich luftig wie der Himmel hinter ihr, und der untere Teil zerfließt wie Wasser, während ihr die Mondsichel des zunehmenden Mondes zu Füßen liegt. Die astrologische Zuordnung entspricht einem neptunischen Mond, der anzeigt, daß sie einen intuitiven Zugang zum Ozean des Unterbewußtseins hat. Die Krone auf ihrem Kopf stellt sowohl die drei Mondphasen dar, als auch die drei Phasen des Weiblichen: Die Jungfrau, die Mutter und die weise Frau, die sie alle durchlaufen und erfahren hat, und damit auch den Archetypus der weisen Frau darstellt, woraus sich der Gegenpol zum Neptun-Mond und die Hauptaufgabe der Karte ergibt, nämlich das intuitiv Wahrgenommene auch mit dem Intellekt, der Weisheit und der Erfahrung verstehen und begründen zu können.

Die Hohepriesterin weiß um die geistigen Gesetze, wie die Rolle der Tora anzeigt, die sie (beinahe wie ein Kind) auf dem Schoß hat.

Die ursprünglichen Säulen *Boas* und *Jachin* waren am Eingang des Tempels von Jerusalem positioniert und mit Granatäpfeln verziert, die als Symbol der Fruchtbarkeit galten. Auf der Karte der Hohepriesterin wurde diese Symbolik von den Säulen auf den hinter ihr befindlichen Vorhang übertragen, der beide Säulen verbindet, um darauf hinzuweisen, daß die ausbalancierte Kombination von Intuition und Intellekt zu „fruchtbaren" Ergebnissen führt, wobei in diesem Fall keine biologische, sondern geistige Fruchtbarkeit gemeint ist. Der obere Teil beider Säulen ist wie eine Lotusblüte gearbeitet, die in Ägypten in Anlehnung an die Geburt des jungen Sonnengottes als Symbol von Schöpfung und Wiedergeburt galt.

Es existiert die Ansicht, daß die Krone der Hohepriesterin nicht die Mondphasen darstellt, sondern die Sonnenkrone der ägyptischen Göttin Hathor (die erst später mit Isis verschmolz), was jedoch an der Gesamtbedeutung nichts ändern würde, denn die symbolische Sonne auf ihrem Kopf wäre nur ein weiteres Zeichen für geistige Schöpfung und Fruchtbarkeit.

Die Hohepriesterin ist außerdem in der Lage, Emotionen von anderen empathisch zu erspüren und wahrzunehmen. Doch um die Quelle der Gefühle definieren zu können, die sie wahrnimmt, und unterscheiden zu können, ob diese Gefühle ihre eigenen oder fremde sind, mußte sie auf ihrem Entwicklungsweg beide Pole durchleben und erforschen. Sie mußte die Gegensätze Ich und Du unterscheiden lernen und eine stabile, ausgeglichene Persönlichkeit entwickeln. Diese Stabilität wird auf der Karte durch den steinernen Kubus angedeutet, auf dem sie sitzt.

Karte III
Die HERRSCHERIN
(The EMPRESS)

Allgemeine Bedeutung:
Wachstum, das Nährende, Überfluß, Natürlichkeit, Liebe, Fruchtbarkeit, Wärme, Sinnlichkeit, Geborgenheit, Zuneigung
Schatten:
Unfähigkeit zu Lieben, emotionale Oberflächlichkeit, Gefühlskälte
Archetypus:
Die Mutter / Das Weibliche
Höheres Ziel:
Bewahrung des Lebens, Liebe, Fruchtbarkeit, Körperbewußtsein
Astrologische Zuordnung:
Venus / Erde

Die Karte wird beherrscht von einer üppigen Fülle: Im Hintergrund erstreckt sich ein Wald, aus dem sich ein Fluß nährenden Wassers ergießt, und das Korn im Vordergrund der Karte wächst in voller Pracht. Die Herrscherin symbolisiert die nährende und fruchtbare Mutter (Erde), selbst ihr Kleid spiegelt Fruchtbarkeit und Fülle wider. Sie gibt Nahrung und Obdach, Wärme und Geborgenheit. Aber sie ist nicht nur Mutter, sondern auch sinnliche Frau und leidenschaftliche Geliebte. Sie repräsentiert die Leidenschaft und die Sexualität. Sie ist Venus und Aphrodite und entspricht auch astrologisch gesehen der Weiblichkeit und Schönheit, die durch das Venus-Prinzip versinnbildlicht werden, dessen Zeichen auch deutlich neben ihr zu sehen ist. Man kann den Stab in ihrer Hand als Phallussymbol interpretieren, und sie hält ihn in der rechten Hand, was anzeigt, daß sie nicht passiv, sondern aktiv und initiativ ist. Es mag Menschen geben, die auf dem Stab einen Apfel sehen möchten und sie damit zur weiblichen Versuchung, zur Eva der Sünde degradieren wollen, aber die Idee, daß Sexualität und Körperlichkeit etwas Schlechtes sind, wurde vom patriarchalischen Christentum geprägt. Wahre Sexualität hingegen feiert das Leben und die Liebe, anstatt sich ins Dunkle und die Vorstellung von etwas Unnatürlichem drängen zu lassen.

In der heutigen Gesellschaft läßt sich gut beobachten, wie der Großteil der Menschheit den Bezug zu den Themen der Herrscherin verloren hat. Sowohl mit Mutter Erde, als auch mit der Sexualität wird heutzutage leichtfertig und unbewußt umgegangen. Darin spiegelt sich die Fixierung auf das der Herrscherin zugeordnete Element Erde. Die Materie und das Körperliche stehen stets im Vordergrund und überwiegen gegenüber den anderen Elementen. Die Lösung liegt in der Integration der emotionalen Verbundenheit und der Liebe. Die Entwicklung muß sich vom Ausbeuten der Erde auf deren friedvolle Nutzung entwickeln und das bloße Benutzen der Sexualität zur Triebbefriedigung sollte zur Sexualität transzendieren, welche die Liebe miteinbezieht, um ein Gefühl der Verbundenheit zu erfahren.

Karte IV
Der HERRSCHER
(The EMPEROR)

Allgemeine Bedeutung:
Verantwortung, Macht, Autorität, Ordnung, Führung
Schatten: Despotismus, Korruption, Autoritätsmißbrauch, Härte, Strenge, Unbeweglichkeit, Starre, Sturheit, Tyrannei, Streitsucht
Archetypus: Der Vater
Höheres Ziel:
weise Herrschaft und Führung
Astrologische Zuordnung:
Widder (Mars) / Feuer

Der innere Herrscher hat die Aufgabe, Ordnung und Struktur ins Leben zu bringen. Dies erreicht er mit Autorität und Durchsetzungsvermögen, wie seine rote Kleidung anzeigt, die dem Widder-Prinzip und dessen Herrscher Mars entspricht. Auch an seinem Thron sind vier Widderköpfe zu sehen und auf seiner Krone ist das Symbol für den Widder angebracht. Doch sollte der Herrscher nicht mit unnötiger Härte und Strenge vorgehen, da er sonst Gefahr läuft, genau so steinern und unbeweglich wie sein Thron und die Berge hinter ihm zu werden. Wenn er das Widder-Prinzip zu extrem lebt und stets mit dem Kopf durch die Wand möchte, wird er zum Tyrannen oder Despoten werden, der seine Rüstung, welche für das bewußte Errichten von Grenzen und eine Schutzfunktion steht, nur zum Schutz seines eigenen Egos einsetzt.

In seiner linken Hand trägt er den Reichsapfel, der die Verantwortung repräsentiert, die er für sein Leben trägt und auch bewußt übernehmen soll. Das Zepter in seiner rechten Hand beinhaltet das Henkelkreuz, aus der ägyptischen Mythologie als *Ankh* bekannt, das Fruchtbarkeit und Leben symbolisiert. Durch seine Führung soll Fruchtbarkeit in jeglicher Beziehung entstehen und das Leben soll sich entfalten und gedeihen können. Wenn er seine Macht mißbraucht, wird er das Leben einschränken, anstatt es zu bewahren. Die Tatsache, daß er das Zepter in der rechten Hand hält, bedeutet, daß er seine Führung aktiv in die Tat umsetzen und Entscheidungen treffen soll. Sein langer, weißer Bart zeigt an, daß er im Idealfall durch seine Erfahrungen Weisheit erlangt und weiß, wann er autoritär und wann er milde und großzügig entscheiden soll.

Der Herrscher stellt den Archetypus des Vaters dar, der zwar aktiv und führend sein soll, sich jedoch nicht auf die Rolle des dominanten Beherrschers beschränken soll. Ein weiser Vater weiß, wann er führen muß und wann er loslassen und die Zügel locker lassen muß, um nicht beschränkend zu sein.

Karte V
Der HIEROPHANT
(The HIEROPHANT,
The HIGH PRIEST,
The POPE)

Allgemeine Bedeutung: Religion
Schatten: Dogmatismus
Archetypus: Der Hohepriester
Höheres Ziel: persönliches religiöses System finden
Astrologische Zuordnung: Jupiter / Feuer

Beim Hierophanten handelt es sich nach esoterischer Deutung nicht um eine Person, sondern um ein Prinzip, sozusagen den inneren Hierophanten. Eine andere Bezeichnung für den Hierophanten ist der Hohepriester, und damit ist in diesem Fall die Instanz in unserem Inneren gemeint, die unser persönliches religiöses Weltbild repräsentiert. Ursprünglich war der Hierophant im antiken Griechenland ein in die Mysterien von Eleusis eingeweihter Priester, und das lange bevor es das Christentum gab, obwohl die auf der Karte verwendete Symbolik (Kreuze, kirchliches Gewand, Mitra, Mönche) eher an einen christlichen Papst denken läßt.

Auf der Karte finden wir verschiedene Prinzipien und Themen in eine religiöse Darstellung eingebettet, die sich hierzu auch gut eignet. Der Hierophant als Vertreter der Religion repräsentiert den Versuch, die Erkenntnis, daß der Mensch ohne die Verbindung zum Universum und zur Natur (Gott) nichts ist, in ein geordnetes System zu bringen. Er geht dabei nüchtern, sachlich und leidenschaftslos vor, wobei auch die für die Religion typische Gefahr des Verharrens in festgefahrenen Regeln, Normen und Strukturen entsteht. Der rote Mantel, der seinen Macht- und Wissensanspruch symbolisiert, zeigt, daß in dieser Darstellung der eigentliche Gedanke des Überbringers der natürlichen und geistigen (göttlichen) Prinzipien des Universums an die Menschen in weltlichen Machtanspruch ausgeartet ist. Daraus resultiert die Aufgabe des Hierophanten, seine eigenen, persönlichen Normen und seine begrenzten moralischen Prinzipien nicht der Allgemeinheit aufzudrängen oder gar aufzuzwingen und sich dabei in Kleinigkeiten und Details zu verlieren. Die extreme Schattenseite des Hierophanten wäre der pedantische, kleinliche und lebensängstliche Pessimist und der intolerante, strenge und missionierende Fundamentalist.

Auf der Karte sieht man den Hierophanten mit einem goldenen Kopfschmuck mit drei Ebenen und einem Stab in seiner linken Hand, der drei Querbalken beinhaltet. Diese symbolisieren die drei Ebenen der Wirklichkeit – Körper, Geist und Emotionalität sowie die drei schöpferischen Ebenen – Gedanke, Wort und Tat. In allen Systemen, in denen ein Versuch der Erklärung der Welt gemacht wurde, finden wir eine Dreiheit vor. Die Theologen sprechen von Vater, Sohn und Heiligem Geist, die Psychologen nennen es Bewußtsein, Unterbewußtsein und Überbewußtsein. Sigmund Freud nannte die drei Ebenen Es, Ich und Über-Ich, die Wissenschaft drückt dies in Energie, Materie und Antimaterie aus. Doch egal welches System man benennt, alle müssen erkennen, daß sich sowohl die Natur bzw. das Universum, als auch der Mensch auf diesen drei Ebenen ausdrückt. Worauf es dabei ankommt, ist zu erkennen, daß nur alle drei zusammen das Ganze ausmachen. Das eine ist nicht besser als das andere, nur in seiner Gesamtheit liegen das Verständnis und der Schlüssel zur (göttlichen) Schöpfung. Die These und die Antithese müssen zur Synthese vereint werden. Der Hierophant sollte also darauf achten, nicht die Körperlichkeit auszuschließen oder zu unterdrücken, genauso wenig wie er das Geistige überbetonen sollte und dabei das Emotionale außer Acht zu lassen. Die Haltung seiner rechten Hand zeigt die traditionelle Geste der Segnung. Doch liegt die Aufgabe des Hierophanten nicht darin, zu bewerten oder zu verurteilen. In der Natur gibt es keine Ausschließlichkeiten oder Ausgrenzung, denn das Universum ist unpersönlich und nicht bewertend. Daraus resultiert seine Aufgabe, die geistigen Gesetze des Universums anzuerkennen. Die Anwesenheit der beiden Adepten im Vordergrund weist jedoch auch auf die Rolle des Hierophanten als Lehrer hin, der andere zum Wissen und Verständnis führen und den Menschen dienen soll. Die Gewänder der beiden Schüler sind mit roten Rosen und weißen Lilien bedeckt, wobei die Rosen für Liebe und die Lilien für Reinheit im

Sinne von Klarheit und Aufrichtigkeit stehen. Dies sind die beiden auch auf der Karte abgebildeten Schlüssel zum Verständnis und zum geistigen Wachstum. Die beiden steinernen Säulen symbolisieren Stabilität, die jedoch nur im Inneren erworben werden kann, in der Erkenntnis der geistigen Gesetze.

Karte VI
Die LIEBENDEN
(The LOVERS)

Allgemeine Bedeutung: Synthese, harmonische Vereinigung
Schatten: Entscheidungsschwäche, Zwiespältigkeit, Zögerlichkeit, Unentschlossenheit, Unsicherheit
Archetypus: Der Scheideweg, Adam und Eva
Höheres Ziel:
Vereinigung der Gegensätze
Astrologische Zuordnung:
Zwillinge / Luft

Auf der Karte Die LIEBENDEN finden wir einen Mann und eine Frau dargestellt, beide nackt, die den Archetypus von Adam und Eva im Paradies repräsentieren. Hinter der symbolischen Eva ist der Baum des Wissens zu sehen, der für den Fall in die Polarität steht. Nachdem nun die beiden aus der Einheit des Paradieses gefallen waren, gab es das Männliche und das Weibliche in getrennter Form; von allem, das existierte, war nun auch ein entgegengesetzter Pol da. Doch dies als den „Sündenfall“ zu bezeichnen ist unsinnig, da wir ohne die Existenz von polaren Gegensätzen niemals die Erfahrung machen könnten, uns als die Person zu erfahren, die wir sein möchten. Erst durch die Relativität ist es uns möglich, uns im Vergleich zu dem zu erkennen, was wir nicht sein wollen oder nicht wählen. Wenn es kein „schlecht“ gäbe, könnten wir uns nicht als „gut“ erfahren, ohne die Erfahrung von „kalt“ könnten wir nicht erkennen, was „heiß“ ist. Wir könnten nicht erfahren, was Liebe ist, wenn es keine Angst gäbe. Die Aufteilung in zwei Pole war also notwenig, um uns als all das zu erfahren, was wir immer schon waren. Nur in der Polarität haben wir überhaupt die Möglichkeit, irgend eine Wahl zu treffen, uns zwischen mehreren Alternativen zu entscheiden. Die Karte zeigt uns daher auch als Hauptaufgabe an, innerhalb des Systems der Polarität zu entscheiden, wer wir sein wollen und als welche Person wir uns erleben und definieren wollen. Eine Partnerschaft oder Beziehung bietet aus dieser Sichtweise heraus Chancen und Möglichkeiten des Austauschs und der gegenseitigen Bereicherung, um möglicherweise brachliegende oder unbewußte Persönlichkeitsanteile zu integrieren und auszuleben, anstatt sie auf andere Menschen zu projizieren.

Des weiteren deutet die Karte auf die immerwährende Suche des Menschen nach der Einheit hin, die wir verließen, um in der materiellen Welt geboren zu werden. Der Mann auf der Karte sieht in Richtung der Frau, was bedeutet, daß es eher dem männlichen, aktiven und nach außen strebendem Prinzip entspricht, den fehlenden Teil in der Außenwelt, bzw. in einem anderem Menschen oder Partner zu suchen. Der Baum mit den Flammen hinter ihm steht für die Leidenschaft, das Feuer in ihm, aber auch für seine Triebe, die ihn auf seiner Suche motivieren und antreiben.

Die Frau hingegen, die den weiblichen Pol und das nach innen strebende Prinzip symbolisiert, blickt zu einem Engel auf, der die übergeordneten geistigen Gesetze repräsentiert. Sie weiß intuitiv, daß man „Gott“ nur in sich selbst finden kann und daß die Suche im Außen nur auf Projektionen des eigenen Inneren trifft.

Der Engel steht aber auch, genau wie der Berg, als symbolische Verbindung zwischen Himmel und Erde, für die Vereinigung der Gegensätze. Er breitet seine Flügel und seine Hände über der Frau und dem Mann aus, als ob er sie zusammenführen wollte. Seine Schwingen sind rot und seinem Haupt entspringen Flammen, wodurch das Element Feuer symbolisiert wird, daß in der alchimistischen Denkweise dasjenige Element ist, das zwei Stoffe zu einem neuen verbindet. Die Karte als ganzes ist aber dem Element Luft zugeordnet, da die Hauptbedeutung die ständig stattfindende Wahl des Menschen durch sein schöpferisches Denken anzeigt. Der Intellekt ist dem Element Luft zugeordnet, astrologisch gesehen dem Zeichen des Zwilling, das sowohl das ständige Abwägen und die Entscheidung, als auch starke Neugierde, die Suche nach Wissen und die Sehnsucht nach dem erlösenden Zurückfinden in die Einheit repräsentiert.

Über dem Engel scheint die Sonne, doch unter ihm sind Wolken abgebildet. Dies bedeutet, daß nur die persönliche Sichtweise ausmacht, ob wir die übergeordneten Gesetze sehen wollen oder nicht.

Über den Wolken ist der Himmel immer blau, sagt ein Sprichwort. Die Wolken, die für Probleme und Hindernisse stehen, werden von uns persönlich geschaffen. Wir haben die Macht, sie entstehen zu lassen, aber auch die Macht, sie wieder aufzulösen. Metaphysisch gesprochen heißt das, daß die Einteilung der Welt in polare Gegensätze nur ein Konzept ist, das immer der subjektiven Erfahrung des individuellen Standpunktes unterliegt.

Karte VII
Der WAGEN
(The CHARIOT)

Allgemeine Bedeutung:
Aufbruch, Mut, Entschlossenheit, Individualität, Unabhängigkeit, Enthusiasmus
Schatten: Überheblichkeit, Arroganz, Solipsismus
Archetypus: Der Gralsritter
Höheres Ziel: geistige Gleichheit und Freiheit, Selbstbestimmung, Souveränität, Eigenständigkeit Toleranz
Astrologische Zuordnung:
Wassermann / Luft

Der Wagen steht astrologisch gesehen ganz unter dem Zeichen des Wassermanns, wie wir sehen werden. Die typische Zuordnung fast aller Tarotbücher benennt den Krebs als astrologische Entsprechung, was mir völlig schleierhaft ist, denn die Themen des Krebs sind das Festhalten und Sich-Zurückziehen, sowie eine starke Gefühlsbetonung im Sinne des weiblichen Prinzips, da der Mond der Herrscher des Krebs ist. Der Wagen jedoch zeigt einen Mann, der aufbricht und alle Traditionen, familiäre und gesellschaftliche Bindungen und Konventionen hinter sich läßt, was dem Wassermann-Prinzip entspricht. Die Stadt im Hintergrund steht für alles, was er zurückläßt, ja dem er geradezu entflieht, um seine eigene Freiheit und Individualität zu leben, da ihm jegliche Verpflichtung und Abhängigkeit zuwider ist. Er hat ein extrem starkes Bedürfnis nach Autarkie und Autonomie, was ihn auch stark isolieren kann. Der Wagen ist steinern wie eine Festung und scharf nach außen abgegrenzt. Er möchte keinerlei Bindung eingehen und ist auf größtmögliche Freiheit und Individualität bedacht, weshalb er noch nicht einmal Zügel in der Hand hält, die ihn mit den Sphinxen verbinden würden. Diese Haltung wird oft als Arroganz oder auch Überheblichkeit interpretiert, was auch zutreffend sein kann, aber nicht unbedingt gewollt ist. Es besteht unter Umständen die Gefahr, sich aus reinem Selbstzweck immer mehr zu etwas Besonderem machen zu wollen, was sich in einer exzentrischen Haltung äußern kann, wie die ungewöhnliche Kleidung des Mannes im Wagen zeigt. Teilweise gepanzert wie ein Ritter, mit astrologischen Symbolen versehen und ausgefallenem Schmuck trägt er einen Rock und lange Haare, was zudem darauf hindeutet, daß er sich nicht einmal geschlechtlich festlegen möchte. Er ist darauf aus, allem, was einzuordnen wäre, auszuweichen und die Gegensätze im Sinne von Gleichheit zu vereinen. Vorne auf dem Wagen ist das Symbol Shivas zu sehen, dem Zerstörer, der zu den drei indischen Hauptgottheiten gehört, was wiederum darauf hindeutet, daß er jegliche Norm durch seinen Individualismus zerstören will. Das Symbol Shivas zeigt einen Stab und einen Kreis, auf indisch *Lingam* und *Yoni* genannt, die das männliche und weibliche Geschlecht symbolisieren. Darüber sind ausgebreitete Flügel zu sehen, die einerseits für Freiheit stehen und andererseits über den Sphinxen beider Polaritäten ausgebreitet sind, was anzeigt, daß keine von beiden wichtiger oder besser ist. Diese Einstellung kann zu einer solchen Neutralität führen, daß er sogar androgyn wirken kann. Doch es ist wichtig zu verstehen, daß sein Motiv die Demonstration von gedanklicher Gleichheit ist, in dem Sinne, daß er nicht werten möchte, ob eine Seite der Polarität besser ist, als die andere.

Eine weitere Auswirkung seines Versuches, sich nicht festzulegen, ist seine Eigenart, ständig auf der Suche nach dem Neuen zu sein und es wieder zu verwerfen, wenn es nicht mehr neu ist. Dies führt zu Sprunghaftigkeit gepaart mit starken Enthusiasmus. Er ist immer spontan von etwas Neuem begeistert, verliert aber im negativem Falle recht schnell die Lust daran, weil er schon auf der Suche nach dem nächsten Kick ist.

Positiv gelebt ist hier ein Mensch dargestellt, der für Individualität und Freiheit steht und für Eigenständigkeit und Souveränität eintritt. Man muß verstehen, daß die extreme Art, die er an den Tag legt, seine Art von Protest gegenüber von Zuordnungen ist, da er diese als einschränkend ansieht. Er will darauf hinweisen, daß wir mehr sind als Angehörige irgendeiner Gruppe. Wir sind einzigartige Individuen und das sollen wir auch leben. Er ruft uns auf, uns nicht nur als Teil einer Gruppe von Menschen zu sehen, die sich durch gemeinsame

Normen oder Verhaltensweisen definieren, sondern wir selbst zu sein.

Er ist außerdem ein Mensch, der intellektuell gesehen wahre Glanzleistungen vollbringen kann, da er nicht von einem Denksystem abhängig ist, und so zeichnen ihn auch Erfindungsgabe und Kreativität aus und er hat stets den Mut, etwas Neues auszuprobieren.

Karte VIII
KRAFT
(STRENGH, FORCE)

Allgemeine Bedeutung:
innere Kraft, Selbstzentriertheit
Schatten: Gefühlsunterdrückung, Arroganz, unkontrollierte Wildheit, Überheblichkeit, Narzißmus
Archetypus: Der Sieg über den (inneren) Drachen
Höheres Ziel: Annahme und Transzendierung niederer Triebe und Instinkte, Charisma, Ausstrahlung
Astrologische Zuordnung:
Löwe / Feuer

Wir können auf der Karte eine Frau sehen, die einen Löwen streichelt und liebevoll mit ihm umgeht. Sie hat keine Furcht und wirkt ausgeglichen und ruhig. Der Löwe steht für die animalischen Seite und die emotionalen Leidenschaften des Menschen, aber auch für Stärke, Vitalität und Dominanz. Gelingt es der Frau, diesen Eigenschaften in sich selbst ohne Furcht ins Auge zu sehen, sie als Teil ihrer selbst anzunehmen und zu transformieren, wird sie ihre Stärke, ihr Selbstwertgefühl und ihre Kraft aus dieser Quelle beziehen und so eine lebensbejahende Ausstrahlung und ein unermeßliches Gefühl von innerer Stärke und gleichzeitig von Ruhe und Selbstzentriertheit erhalten. Wenn sie erkannt hat, daß alle diejenigen Emotionen, die oftmals leider als niedere oder schlechte Emotionen bezeichnet werden, auch in ihrem Inneren zu finden sind, braucht sie diese nicht mehr auf die äußere Welt und andere Menschen zu projizieren. Sie ist somit mit ihren dunklen, aggressiven und kontrollierenden Seiten ins Reine gekommen und hat sich mit ihnen ausgesöhnt. Sie wird Emotionen jeglicher Art nicht mehr unterdrükken oder sich hinter einer Maske oder Fassade verstecken, sondern kann zu ihnen stehen und sie leben, ohne Angst zu haben, daß man dies als Schwäche oder Weichheit auslegen könnte. Aus dieser Überzeugung ihrer eigenen Großartigkeit heraus und der daraus resultierenden inneren Sicherheit kann sie anderen Menschen liebevoll, großzügig und voller Wärme und Herzlichkeit begegnen. Ihr weißes Gewand drückt Reinheit und Klarheit aus, ihr Blumenschmuck steht für Lebensbejahung, sowie das schöpferische Wachstum, das aus ihrem Inneren erwächst.

Wie in der Karte Die LIEBENDEN finden wir auch hier wieder die Darstellung eines Berges als Verbindung zwischen dem Niederen und dem Höheren in Verbindung mit dem Element Feuer, welches die Transformation auf eine neue, höhere Ebene anzeigt. Die astrologische Zuordnung zum Löwen ist klar zu erkennen. Die Lemniskate über dem Kopf der Frau weist uns darauf hin, daß die Transformation auf tieferer Erkenntnis der geistigen Gesetze beruht und bewußt vollzogen werden muß.

Die Gefahr und der Schatten der Karte liegen in übertriebener Selbstzentrierung bis hin zum Narzißmus, in Überheblichkeit und Machtmißbrauch. Dann kann es dazu führen, daß die Kraft ausgenutzt wird, um andere Menschen zu beherrschen und die eigenen Werte mit Stärke und Aggression durchgesetzt werden. Doch wahre Selbstzentrierung und innere Stärke müssen nicht nach außen hin demonstriert oder bewiesen werden. Der überlegene Mensch kämpft nicht, sondern löst seine Probleme auf friedliche Weise.

Karte IX
Der EREMIT
(The HERMIT)

Allgemeine Bedeutung:
innere Einkehr, Selbstfindung
Schatten: Isolation, Weltflucht
Archetypus: Der Weise
Höheres Ziel: Selbsterkenntnis, Gott in sich selbst finden, Selbstüberwindung
Astrologische Zuordnung:
Steinbock / Erde

Der Eremit ist auf dem Gipfel eines Berges vor einem grauen Himmel in ebensolcher Kleidung dargestellt. In seiner linken Hand hält er einen goldenen Stab, während die rechte eine Laterne mit einem leuchtenden Stern darin hält. Der graue Hintergrund, seine graue Kleidung sowie die Tatsache, daß er sich auf einem Berg befindet, zeigen an, daß er die materielle Ebene der Welt verlassen, sie quasi unter sich gelassen hat. Er rückt seine persönlichen Bedürfnisse nach Ruhm, Anerkennung und Selbstdarstellung in den Hintergrund. Der Psychoanalytiker Fritz Riemann drückt dies so aus: *„...ist der Mensch hier die ‚graue Eminenz', die im Hintergrund bleibt, aber die entscheidenden Fäden in der Hand hält; nach außen eher schlicht und unscheinbar, genügt ihm das Bewußtsein der Bedeutung seines Amtes, seiner Funktion, die er erfüllt; das gibt ihm den hier charakteristischen Stolz der Bescheidenheit."* (Fritz Riemann, *Lebenshilfe Astrologie*, S.133, Pfeiffer, München 1976)

Der Eremit stützt sich mit der linken Hand auf seinen Stab, was seine Bewußtheit anzeigt, daß er sich nicht davon täuschen läßt, was die Welt ihm vorspiegelt, sondern sich nur auf seine Intuition und sein inneres Wissen verläßt, seine Verbindung zum Universum und der Natur. Ein Meister weiß, daß die äußere Welt trügerisch sein kann und handelt daher stets aus seinem innere Wissen heraus. Er läßt sich nicht durch die äußere Welt beeinflussen und muß sich daher nicht real in die Einsamkeit zurückziehen, sondern kann einfach nur seine Aufmerksamkeit und seinen Blick nach innen wenden, den einzigen Ort, an dem er das Licht der Erkenntnis finden kann, wie die Laterne anzeigt. Allein das Licht der Wahrheit ist ihm Wegweiser auf seiner Suche und seinem Weg. Aber er kann auch anderen Menschen das Licht der Erkenntnis bringen, wobei er sich stets unauffällig in den Hintergrund begibt, da er dies aus einem tiefen und aufrichtigem Pflichtgefühl tut und es als seinen Dienst am Menschen ansieht. So ist er bereit, große Opfer zu bringen, um seine Aufgaben zu erfüllen oder als Teil eines großen Werkes seinen Beitrag zu leisten. Dabei weist er eine immense Ausdauer und Zähigkeit auf, begleitet von Verantwortungsbereitschaft und einem starken Willen. Aber er sieht das nicht als Opfer an, das er bringen muß, sondern aus diesem Verhalten erwächst sein innerer Frieden.

Um nicht in den Schatten zu geraten, muß er stets bewußt bleiben und darauf achten, sich nicht in Überverantwortung, Leistungszwang oder Selbstüberforderung zu verstricken, was dazu führen kann, daß er übertrieben asketisch, pedantisch oder selbstaufopfernd werden kann. Außerdem sollte er nicht seinen Ehrgeiz auf andere projizieren und sie übermäßig hart antreiben oder tadeln, weil sie nicht an seine Selbstdisziplin und Ideale herankommen.

Obwohl die gängige astrologische Zuordnung stets die Jungfrau ist, bin ich nicht dieser Meinung. Der Dienst am Menschen ist die einzige Gemeinsamkeit zum Eremiten. Ich neige eher dazu, die Karte aufgrund der oben angeführten Deutung dem Steinbock-Prinzip zuzuordnen. Dem Eremiten geht es nicht um moralische Prinzipien, sondern um die innere Einkehr und Funktionalität. Auch sein starkes Pflichtgefühl sowie der selbstaufopfernde Charakterzug zugunsten von Idealen oder Zielen sind typisch für den Steinbock. Im Gegensatz zur Jungfrau, welche die Rolle eines Lehrers meint, hat der Steinbock eher Vorbildfunktion, das heißt, er lehrt mehr durch Handeln als durch Erklären. Zudem ist seine Selbsteinschränkung durch Saturn, den Herrscher des Steinbocks, geprägt.

Karte X
RAD des SCHICKSALS
(WHEEL of FORTUNE)

Allgemeine Bedeutung:
Zyklus, geistige Gesetze
Schatten: Stillstand, Resignation, Entwicklungsangst, Routine, Opferrolle, Machtlosigkeit, Festhalten
Archetypus: Das karmische Rad
Höheres Ziel: Annehmen und Loslassen, Kenntnis der geistigen Gesetze, Selbstbestimmung, Meisterung des Schicksals
Astrologische Zuordnung:
Jupiter / Luft

Um die Karte verstehen zu können, muß zuerst einmal erklärt werden, was mit „Schicksal" gemeint ist. Vielfach wird darunter ein System verstanden, das den Menschen ihre Lebensbedingungen, Ereignisse und Wendungen im Leben durch ein „göttliches" Urteil, einen bereits feststehenden Plan oder sogar zufällige Strukturen auferlegt. Diese Einstellung geht jedoch davon aus, daß das Universum von Zufällen beherrscht wird oder unser Schicksal fremdbestimmt ist, womit auch ein Bezug zur Karte XV – Der TEUFEL hergestellt wird, der auch unter dem dargestellten Rad zu sehen ist.

Das Rad selbst ist mit Schriftzeichen und Symbolen versehen, die im Gegenteil dazu aussagen, daß das System, welches wir „Schicksal" nennen, durch bestimmte Gesetze definiert und festgelegt wird. Die Kenntnis, das innere Wissen und natürlich die Anwendung dieser Gesetze versetzt uns in die Lage der über dem Rad dargestellten Sphinx, die ein Schwert hält, welches das Element Luft und somit das bewußte Denken und den Intellekt repräsentiert. Aufgrund ihrer Bewußtheit unterliegt sie nicht mehr der Illusion von Fremdbestimmung. Die ganze Karte wird vom Element Luft dominiert. In jeder Ecke befinden sich Wolken und geflügelte Wesen, die Bücher halten.

Dadurch wird auch die astrologische Zuordnung zum Jupiter-Prinzip deutlich, das der Philosophie, dem Gesetz, der Expansion im Sinne von geistiger Erweiterung und dem Wissen um kosmologische Zusammenhänge entspricht. Jupiter ist normalerweise dem Element Feuer zugeordnet, was hier bedeutet, daß wir Stärke, Bewußtheit und aktives Handeln brauchen, um gemäß den geistigen Gesetzen unser Schicksal in die Hand zu nehmen. Jemand, der die geistigen Gesetze nicht kennt, würde den Eindruck haben, daß er quasi an das Rad gebunden ist, und somit ständig dem Auf und Ab des Lebens ausgeliefert ist, wie der Teufel unten am Rad. Auch die Schlange wird von religiösen Menschen gerne als Symbol der Versuchung bezeichnet, während sie für aufgeklärte Menschen ein Symbol der Weisheit ist.
Auf dem äußeren Teil des Rades finden wir einerseits die hebräischen Buchstaben des unaussprechlichen Namen des biblischen Gottes, Yod, He, Vau, He, und andererseits römische Buchstaben, welche als Anagramm entweder Taro, Rota (lat.: das Rad), Tora (heilige Gesetzesrolle), Orat (lat.: er betet) oder Ator (ägypt. Göttin, auch: Hathor) heißen. Im inneren Teil sind alchimistische Symbole dargestellt, und zwar diejenigen für Quecksilber (oben), Schwefel (rechts), Wasser (unten) und Salz (links).

Wir sollen also sowohl erkennen, daß jeder scheinbar zufällig auftretenden Struktur eine bestimmte Ordnung zugrunde liegt und wir unser Schicksal selbst bestimmen, indem wir das bekommen, was wir durch unser Denken, Reden und Handeln verursacht haben, weil das Gesetz von Ursache und Wirkung alles, was wir sozusagen an einem Teil des Rades bewirken, nach einer Umdrehung wieder zu seinem Ursprungspunkt, nämlich uns selbst, zurückkommt, als auch, daß alles im Universum zyklischer Natur ist und sich daher rotierend bewegt, und nicht linear oder aufsteigend.

Die vier Wesen, die auf der Karte zu sehen sind, stehen für die vier Elemente und die vier fixen Sternzeichen. Der Stier ist der Erde und dem Sternzeichen Stier zugeordnet, der Löwe repräsentiert das Element Feuer und das Sternzeichen Löwe, der Adler steht für das Element Wasser und das Sternzeichen Skorpion und der Engel ist dem Element Luft und dem Sternzeichen Wassermann zugeordnet. Zur Erklärung muß gesagt werden, daß es den Skorpion in östlichen Astrologie-Systemen nicht gibt und an seiner Stelle ein Phönix oder Adler steht, der zudem in der griechischen Mythologie das einzige

Tier ist, welches Zugang zur Unterwelt hat, die genau wie der Skorpion dem Element Wasser zugeordnet ist. Der Herrscher des Zeichens Wassermann ist Uranus, welcher auch die (göttliche) Energie symbolisiert, womit der Bezug zum Engel deutlich wird.

Karte XI
GERECHTIGKEIT (JUSTICE)

Allgemeine Bedeutung: bewußte Entscheidung, Gleichgewicht, Ausgleich
Schatten: Unentschlossenheit, Einseitigkeit
Archetypus: höhere Ordnung
Höheres Ziel: Gerechtigkeit, Verantwortlichkeit
Astrologische Zuordnung: Waage / Luft

Mit dieser Karte ist nicht die Gerechtigkeit im juristischen Sinne gemeint. Die abgebildete Frau hat zwar Ähnlichkeit mit Justitia, die jedoch eine Augenbinde als Zeichen dafür trägt, daß sie den menschlichen Faktor der Beeinflussung aufgrund von subjektiver Sichtweise und persönlichem Gerechtigkeitssinn ausschließen möchte. Bei der Karte GERECHTIGKEIT geht es aber nicht um richten, sondern um ausgleichen. Alles im Universum befindet sich stets in einem Zustand der Ausgeglichenheit. Sobald nun der Mensch eine Entscheidung trifft und in eine bestimmte Richtung handelt, führen die geistigen Gesetze des Universums augenblicklich einen Ausgleich herbei. Somit bleiben die Waagschalen, die sie in der Hand hält, immer ausgeglichen. Dies ist Ausdruck von höherer Gerechtigkeit, die nicht richtender oder subjektiver Natur ist, sondern auf natürlichen Gesetzen beruht.

Der Mensch ist somit nicht dem Urteil eines parteiischen Gottes ausgeliefert, sondern hat einen freien Willen und kann für sich und sein Leben Entscheidungen treffen. Das Schwert, das für das Element Luft und den Intellekt steht, hat zwei Schneiden, so wie wir uns für eine bestimmte Sache oder ihr Gegenteil entscheiden können. Und dies sollen wir bewußt machen, und mit offenen Augen die Wahrheit erkennen, nämlich daß jede von uns getroffene Entscheidung Konsequenzen und Auswirkungen hat. Die rote Robe und die Tatsache, daß sie das Schwert in der rechten, aktiven Hand hält, zeigt uns an, daß wir nicht ohne Entscheidungen leben können und sollen, wir müssen uns ständig aktiv dem Prozeß des Entscheidens hinwenden. Wir können nicht *nicht* entscheiden, denn auch die Entscheidung, sich nicht zu entscheiden, ist eine Entscheidung. Damit werden Unentschlossenheit, Einseitigkeit, mangelnde Entscheidungskraft und Lüge, um krampfhaft Harmonie beizubehalten oder herbeizuführen zum Schatten der Karte. Wir können aber jenseits der menschlichen Wahrheit, dessen Grenzen durch die Säulen symbolisiert werden, eine höhere Wahrheit finden, welche sich hinter dem violetten Vorhang verbirgt, dessen Farbe für die Verbindung zu den höheren, geistigen Gesetzen und der ihnen innewohnenden Weisheit steht. Und somit können wir auch für uns selbst innere Ausgeglichenheit erlangen, die auf Verständnis der Wahrheit und verantwortungsvollem Handeln beruht.

Karte XII
Der GEHÄNGTE
(The HANGED MAN)

Allgemeine Bedeutung: Änderung/Erweiterung der Perspektive
Schatten: Stagnation, Blockierung, Stillstand, Machtlosigkeit, Sucht, Realitätsverlust, Abhängigkeit
Archetypus: Der Mystiker
Höheres Ziel: Neuausrichtung, Erlösung, Verwirklichung, Loslassen alter Werte, Auflösung des Ego, Transzendenz
Astrologische Zuordnung: Neptun / Wasser

Die Karte zeigt einen Mann, der mit dem Kopf nach unten an einem Baum hängt, der die Form eines T- oder auch Tau-Kreuzes hat. Er ist nur an einem Bein aufgehängt, während er das andere angewinkelt hält. Seine Haltung steht symbolisch für die Umkehrung seiner Sichtweise. Während der Blick des normalen Menschen nach außen gerichtet ist, hat der Gehängte seine Sicht nach innen verlagert, in die Tiefen seines Unterbewußtseins, wodurch er in der Lage ist, eine transzendente Wirklichkeit zu sehen, die für das begrenzte Ego-Denken nicht nachvollziehbar ist. Er begibt sich in einen Bereich, in dem das Ich durch die mystische Erkenntnis des All-Eins-Seins in seiner ursprünglichen Form aufgelöst wird und eine Vorstellung von grenzenloser Verbundenheit mit allem Existierenden erhält. Dieses Eintauchen in die metaphysische Ebene des Kosmos läßt ihn die Realität hinter der Realität erkennen, wodurch er ein Gefühl von innerem Frieden und tiefer Gelassenheit erfährt. Der Strahlenkranz um seinen Kopf läßt auf eine geradezu erleuchtende Erfahrung schließen.

Das grenzauflösende Prinzip, das Ahnungen, Visionen, Versenkung, Meditation und die Durchlässigkeit für die subtilen Schwingungen der tieferen Wirklichkeit beinhaltet, wird astrologisch durch

Neptun repräsentiert. Das blaue Gewand des Gehängten und das Wasserdreieck, welches er durch die hinter seinem Rücken verschränkten Arme bildet, lassen das Element Wasser erkennen, in das er symbolisch soweit eintaucht, daß er sich selbst, sowie seine Vorstellung von einem begrenzten Individuum verliert, und sich dadurch als Teil des Ganzen in einer ewigen Verbundenheit wiederfindet. Sein Kopf zeigt in Richtung der Wurzel des Baumes, des Ursprungs aller Dinge, der in den Tiefen des Unterbewußten zu finden ist, das keine Grenzen kennt und mit allem verbunden ist.

Er hängt nur mit einem Fuß an dem Baum, was zeigt, daß die Verbindung zur materiellen Welt kaum noch besteht. Der Übergang kann fließend verlaufen und so erfordert es eine stabile, starke Persönlichkeit, wenn man die Grenzen auflösen und sie überschreiten möchte. Genie und Wahnsinn liegen dicht beieinander, sagt man. Dies ist auch der Grund dafür, warum die meisten Menschen auf festgelegten Grenzen in ihrem Leben bestehen. Sie wollen ihr Ich innerhalb bestimmter Definitionen festgelegt sehen, weil ihnen dies Sicherheit gibt. Das wird durch Saturn, den Begrenzer, als Gegenstück zur Grenzenlosigkeit, symbolisiert. Neptun jedoch fordert die Auflösung der Grenzen, weil nur dadurch die einzig wahre Sicherheit im Inneren durch die Erkenntnis der Verbindung von allem mit allem entdeckt werden kann. Ist ein Mensch noch nicht bereit für diese Erfahrung, würde er die Wahrheit der Unendlichkeit und Ewigkeit nicht ertragen können, womit ihn dieses mystische Erlebnis möglicherweise zu einer Selbstauflösung führen könnte, die seine Wahrnehmung und seine bisherige Realität sozusagen überflutet und ihn mit einer Wirklichkeit konfrontiert, die er nicht fassen kann. Dies kann zu einer Art Ichlosigkeit und Selbstentfremdung führen, zum Wahnhaften, zur völligen Verwirrung und zur Orientierungslosigkeit. Wenn das Bewußtsein zu stark überflutet wird mit Wahrheiten und Realitäten, die es nicht fassen kann, wird der Erhängte zum Ertrunkenen, der sich im Ozean des Lebens auflöst und verliert.

Die rote Hose des Gehängten und die Haltung seiner Beine, durch die er das dreieckige, alchimistische Symbol für Feuer bildet, stellen dar, daß beim Zugang zur transzendenten Wirklichkeit eine Transformation des Bewußtseins stattfindet.

Das Bild der Karte erinnert stark an Odin, der neun Tage am Weltenbaum Yggdrasil gehangen hat. Durch diese Prozedur erwarb sich

Odin die Kenntnis der Mystik, Magie und der Geheimnisse der anderen Wirklichkeit. Er verlor dabei ein Auge als Symbol dafür, daß er die materielle Welt nun nicht mehr wie vorher sah und als Ausgleich die Fähigkeit des inneren Sehens erwarb. Diese mythologische Verbindung zeigt auf, daß Opferbereitschaft erforderlich ist, wenn man tiefere Erkenntnis erlangen möchte. Alte Gewohnheiten, Verhaltens- und Sichtweisen müssen aufgegeben werden, um zu einer neuen, höheren Ebene vorzudringen.

Karte XIII
TOD
(DEATH)

Allgemeine Bedeutung:
Ende eines Abschnitts, Veränderung, Abschied, Loslassen, Übergang von alten zu neuen Strukturen, Wechsel, Tod
Schatten: Machtmißbrauch, Schmerz, Todesangst, Leid, Festhalten, Kontrolle, Angst
Archetypus: Der Tod
Höheres Ziel: Einsicht in die Endlichkeit, Erkenntnis von unabänderlichen Wechseln, Transformation
Astrologische Zuordnung:
Skorpion / Wasser

Wie wir schon beim RAD des SCHICKSALS gesehen haben, verläuft alles im Universum in Zyklen. Und Leben und Tod bilden da keine Ausnahme. Damit etwas Neues entstehen und geboren werden kann, muß etwas Altes sterben und dem Neuen Platz machen. Der Tod ist in diesem Fall ein archetypisches Bild für die stetige Veränderung, den ewigen Wandel und die Transformation aller Dinge. Metaphysisch betrachtet besteht alles Existierende aus reiner Energie. Und diese Energie wandelt ständig ihre Form, kann aber niemals verloren gehen. Somit ist die Karte Aufforderung für uns, dem ewigen Fluß der Energie keinen Widerstand zu leisten, sondern die Unabänderlichkeit des Todes aller Dinge anzuerkennen.

Der Tod kommt hier in einer schwarzen Rüstung. Schwarz ist die Abwesenheit von Farbe und absorbiert alle anderen Farben und alle Energie. Dies soll zeigen, daß der Tod vor nichts und niemandem halt macht, nicht vor Königen, nicht vor Priestern und auch nicht vor Frauen und Kindern, wie die Karte zeigt. Außerdem repräsentieren die abgebildeten Menschen bestimmte Werte und Einstellungen. Der König steht für die Herrschaft des Egos, aus welchem die Angst entsteht. Diese Angst hat ihn schließlich umgebracht, weil er die Kontrolle und die Macht nicht aufgeben wollte. Doch um sich geistig weiterzuentwickeln, ist es notwenig, daß das begrenzte Ego sozusagen stirbt, um die wahre Existenz der tieferen Persönlichkeit preiszugeben. Der Bischof steht noch und zeigt uns damit, daß der Glaube die Angst durchaus überwinden kann und dabei helfen kann, den Übergang von alten zu neuen Strukturen zu akzeptieren. Das weiße Kleid und der Blumenkranz der jungen Frau symbolisieren Reinheit und Unschuld, doch ihr abgewendeter Blick bedeutet, daß sie dem Tod noch nicht ins Auge blicken kann, ihr fehlt noch die Hingabe und die Fähigkeit, loszulassen. Allein das kleine Kind, das noch kein begrenztes Ego entwickelt hat, noch nicht so tief in die Polarität gefallen ist, wie die anderen dargestellten Menschen und nicht zwischen dem „Guten“ und dem „Bösen“ wertet, begrüßt den Tod unvoreingenommen und urteilsfrei mit einem Strauß Blumen.

Der Tod kommt auf einem weißen Pferd, das Reinheit und Kraft symbolisiert. Er ist unparteiisch und niemand kann sich der Veränderung, die er mit sich bringt, widersetzen. Die schwarze Fahne mit der weißen Blume des Lebens soll uns daran erinnern, daß der Tod indirekt auch das neue Leben bringt, und nur der Übergang ist zu einer anderen Form oder Ebene der Existenz, so wie die Raupe sterben muß, damit der Schmetterling geboren werden kann.

Zwischen den Pfeilern im Hintergrund der Karte, die wir noch auf der Karte XVIII – Der MOND sehen werden, geht die Sonne auf und zeigt wiederum, daß nach jeder Nacht der neue Tag folgt und die Dunkelheit immer vom Licht abgelöst wird. Die ewige Reise der menschlichen Seele wird durch das Schiff auf dem Fluß, dem Element Wasser, dem der Skorpion zugeordnet ist, symbolisiert, der ständig die Form wandelt und fließt, und doch stets ein Fluß bleibt.

Die astrologische Zuordnung ist hier der Skorpion, der für Konsequenz, Schonungslosigkeit, Macht und Zielstrebigkeit steht. Aber auch die Leidenschaft im Sinne von völlig konsequent und zielstrebig gelebtem Gefühl sowie Sexualität sind ihm zugeordnet. Beides hat mit Hingabe zu tun, und die Franzosen sprechen bei der völligen Hingabe und dem kurzzeitigen Aufgeben des Egos im Moment des Orgasmus vom *la petit morte*, vom kleinen Tod.

Der Schatten der Karte wäre eine Ausnutzung von Macht, indem der betreffende Mensch versucht, sich andere gefügig oder unterwürfig zu machen, sich ihrer zu bemächtigen. Dies kann in allen Lebensbereichen stattfinden, wobei auch hier die Sexualität eine verbreitete Variante des Machtmißbrauchs darstellt. Außerdem können rücksichtlose Züge, Zynismus, starke Rachsucht sowie Sadismus die Folge eines stark im Schatten gelebten Skorpions sein. Doch immer geht es um Macht und Machtlosigkeit, vor der der Betreffende Angst hat. Dahinter steht die Angst vor dem Tod, die Angst vor etwas, das sich seiner Kontrolle entzieht. Ist eine Person jedoch mit der Thematik ausgesöhnt, finden wir hier leidenschaftliche, intensiv lebende Menschen, die sich voller Hingabe und Aufopferung ihrem Leben widmen und das Leben in all seinen Höhen und Tiefen auskosten, weil sie Wandlung als Notwendigkeit zum Wachstum akzeptiert haben und verstehen, aber auch selbst zur Wandlung fähig sind, wie das Wasser, welches sich jeglicher Form anpassen kann.

Karte XIV
MÄSSIGKEIT
(TEMPERANCE)

Allgemeine Bedeutung: richtige Mischung, gelungene Kombination, Ausgeglichenheit, das rechte Maß, Heilung, Einklang, Vereinigung
Schatten: Unausgeglichenheit, Einseitigkeit, Maßlosigkeit
Archetypus: geistige Wandlung durch Kombination und Mischung
Höheres Ziel: Transformation auf eine höhere Ebene
Astrologische Zuordnung:
Schütze / Feuer

Wie der Name der Karte aussagt, geht es hier um Mäßigkeit, in dem Sinne, daß es gilt, das rechte Maß zu finden. Dies hat nichts mit Mäßigung zu tun, es geht hier nicht um Kontrolle oder Vermeidung von Extremen. Der englische Ausdruck *temperance* (Mischung) bringt es noch treffender auf den Punkt. Es soll ein ausgeglichenes Mischungsverhältnis erreicht werden, und zwar zwischen Niederem und Höherem, zwischen Materie und Geist, Menschlichem und Göttlichem, Profanem und Heiligem, Realismus und Vision, wie die Füße des Engels zeigen, die den Geist (Wasser) und die Materie (Erde) berühren. Das, was er in den Kelchen mischt, ist kein Wasser, denn Wasser könnte nicht auf diese Art fließen. Es handelt sich um die Energien der beiden gegensätzlichen Anteile, die in Einklang gebracht werden müssen.

Die roten Flügel und das Dreieck auf dem Gewand des Engels zeigen hier wieder das Element Feuer an, das den Prozeß der alchimistischen Transformation durch die Verbindung zweier bisher getrennter Dinge symbolisiert. Dabei werden Substanzen oder Energien getrennt und zu etwas Neuem verbunden, gemäß des alchimistischen Grundsatzes „Solve et coagula.“ – Löse und verbinde.

Wenn man die Karte von unten nach oben betrachtet, fällt die Reihenfolge des Prozesses auf, der hier stattfinden soll. Unten die Füße auf den Symbolen für Materie und Geist, darüber der Vorgang des Mischens der beiden Energien aus den Kelchen, welche zuerst in reiner Form vorliegen, wie das weiße Gewand zeigt, wonach das Dreieck folgt, dessen beiden äußeren Kanten von den Kelchen nach oben hin zu einem Punkt zusammenlaufen und die neue Verbindung darstellen. Auf der Stirn des Engels schließlich ist das Symbol der Sonne dargestellt, um zu zeigen, daß durch den Prozeß etwas Neues geschaffen wurde, da die Sonne auch für Schöpfung steht. Und diese findet im Geist statt, da unser Denken schöpferisch ist. Deshalb ist das Symbol der Sonne auf der Stirn angebracht.

„Tritium non datur“, ist ein weiterer alchimistischer Grundsatz. Er bedeutet „Das Dritte ist nicht gegeben.“ Das Dritte ist in diesem Fall das, was neu geschaffen wurde. Und das existiert noch nicht, solange wir es nicht in unserem Geist erschaffen haben.

Wenn wir diesen Prozeß der ständigen Schöpfung bewußt durchführen und uns unserer schöpferischen Fähigkeiten erinnern, werden wir das Leben im Wasser des Unbewußten verlassen und uns auf den Weg begeben zurück zur Schöpfung als solches, angezeigt durch die Sonne im Hintergrund, zurück zur bewußten Einheit und Verbindung mit den geistigen Gesetzen der Natur und des Universums, die durch die Berge symbolisiert wird.

Die dichte Vegetation auf der rechten Seite der Karte, auf der auch der Engel seinen linken Fuß hat, zeigt an, daß eine rein materielle Sicht den Blick auf den Weg und die Verbindung zum Verständnis der geistigen Gesetze versperren würde. Wenn wir uns ausschließlich in diesem Bereich aufhalten, werden wir uns möglicherweise oft verirren. Bei den beiden Blumen handelt es sich um die Iris, die uns klar machen sollen, daß wir auf diesem Weg mit Angst, Trauer und dem Tod konfrontiert werden, da die Iris einerseits eine Totenblume ist, und andererseits in der griechischen Mythologie die Göttin Iris von Zeus in die Unterwelt, das Reich der Toten geschickt wurde, um ihren goldenen Kelch mit Wasser aus dem Fluß Styx zu füllen, den der Mythologie nach die Gestorbenen überqueren mußten, um ins Reich der Toten zu gelangen.

Karte XV
Der TEUFEL
(The DEVIL)

Allgemeine Bedeutung:
Selbstbegrenzung, Unfreiheit
Schatten: Unbewußtheit, Projektion des Unbewußten, Opferdenken
Archetypus: Die dunkle Seite
Höheres Ziel:
Integration des Schatten, bewußte Selbstbestimmung
Astrologische Zuordnung:
Saturn / Erde

Die Karte zeigt die beiden Menschen, die wir schon auf der Karte Die LIEBENDEN gesehen haben, nur daß sie in diesem Fall an einen schwarzen Stein gekettet sind, auf dem der Teufel in furchterregender und grotesker Gestalt sitzt.

Der Teufel gilt seit seiner Erfindung durch die mittelalterliche Kirche als Vertreter des Dunklen und Bösen, der niederen Triebe und der Verführung. Doch der Teufel ist lediglich ein archetypisches Bild für die Anteile des Menschen, die gerne ins eigene Unterbewußtsein verdrängt und in Folge auf externe Feindbilder projiziert werden, weil die eigene „dunkle" Seite als „böse" oder „negativ" empfunden wird. Die Mythologie kennt viele Geschichten über den „Teufel" in seinen verschiedenen Formen und Interpretationen. Satan in Form der Schlange verführt Eva im Alten Testament der Bibel zum Biß in den Apfel vom Baum der Erkenntnis. In der griechischen Mythologie ist es Prometheus, der den Menschen das Feuer (der Erkenntnis) bringt, und auch das Wort „Luzifer", der Name des höchsten Engels, der gegen Gott rebellierte, weil er nicht dienen, sondern selbstbestimmt leben wollte, bedeutet „Lichtbringer". Interessanterweise ist in allen diesen Fällen die als „böse" bezeichnete Figur jedesmal diejenige, die den Menschen Wissen, Erkenntnis und den Wunsch nach Selbstbestimmung bringt, während der „gute" Gott sie lieber in Unwissenheit und Abhängigkeit halten möchte. Doch ohne Erkenntnis und der daraus resultierenden Freiheit, selbst über ihr Leben zu bestimmen, sind die Menschen lediglich geistige Zombies und Gefangene ihres eigenen unfreien Bewußtseins.

Der Teufel, der im judäo-christlichen Denken für Fremdbestimmung, Abhängigkeit und Unterdrückung steht, repräsentiert also ganz im Gegenteil die dunkle (meist unbewußte) Seite des Menschen, die ihn überhaupt zu einem freien Menschen macht, wenn diese Seite ohne Angst betrachtet, angenommen und integriert wird. Wenn wir genau hinsehen, erkennen wir, daß die beiden Menschen nicht den Versuch machen, sich vom Teufel zu entfernen und auch ihre Ketten nur locker um ihren Hals gelegt sind. Das bedeutet, daß Abhängigkeit und Fremdbestimmung entweder selbst gewählt sind oder aus Unbewußtheit resultieren, wodurch die Hauptaufgabe der Karte klar wird, nämlich die Beschäftigung mit der eigenen „dunklen“ Seite und deren Akzeptanz und Integration sowohl in die Persönlichkeit, als auch ins Leben, um sich selbst vollständig zu (er)kennen und damit echte Freiheit zu erlangen.

Ebenso wie die tierhaften Attribute des Teufels die animalische Seite des Menschen repräsentieren, weisen uns auch die Hörner auf den Köpfen der beiden Personen, sowie die Flammen (Leidenschaft) und die Trauben (Fruchtbarkeit) am jeweiligen Schweif der beiden darauf hin, daß wir unsere „niederen“ Triebe und Leidenschaften (symbolisch durch die Flamme des Teufels angefacht) nicht unterdrücken, sondern ausleben sollen. Nicht umsonst lautet das Hauptdiktum der Philosophie des Satanismus „Hingabe, statt Abstinenz“ (Eine ausführliche Erklärung dieser Religion und Philosophie findet sich in meinem Buch *Die Philosophie des Satanismus*).

Wie die steinbockähnlichen Hörner des Teufels zeigen, ist die astrologische Zuordnung der Saturn, der Herrscher des Steinbocks, der in seiner negativen, weil einseitigen Auslebung das Bewußtsein, die Freiheit, die Sexualität und die persönliche Macht begrenzt und einengt. Die Transformation des Saturns entspricht der Befreiung aus der dualen Sichtweise von „Gut“ und „Böse“ und den Weg in die selbstbestimmte Auslebung der eigenen Persönlichkeit nach den eigenen Maßstäben, ohne Einschränkung durch künstliche moralische Konzepte.

Karte XVI
Der TURM
(The TOWER)

Allgemeine Bedeutung: Geistesblitz, Inspiration, Revolution, Erschütterung, Erkenntnis, Aufbrechen von Blockaden
Schatten: geistige Starre, Weigerung zum Wandel
Archetypus: geistige Katharsis
Höheres Ziel: stetiger und dynamischer Wandel des Geistes
Astrologische Zuordnung: Uranus / Luft

Der TURM scheint auf den ersten Blick eine sehr negative Karte zu sein. Vor einem düsteren Hintergrund sehen wir, wie der Blitz in die Spitze des Turms einschlägt und sowohl die Krone vom Dach sprengt, als auch die beiden Personen hinwegschleudert und in die Tiefe stürzt.

Die gängige Zuordnung zum Mars-Prinzip ist nicht korrekt. Der Blitzeinschlag zeigt einen abrupten und plötzlichen Vorgang energetischer Entladung, der eine bestehende und festgefahrene Struktur einstürzen läßt, womit eindeutig das Uranus-Prinzip dargestellt wird. Uranus steht für explosive Dynamik, welche eine starke bestehende Spannung auflöst, und somit eine radikale Veränderung bewirkt. Damit ist aus esoterischer Sicht sowohl die Aufhebung von Traditionen, Bindungen und bestehenden Grenzen gemeint, als auch der Geistesblitz, die plötzliche Eingebung und der Funke der Inspiration. Es geht um unvorhersehbare, spontane und unberechenbare Dinge, die zur Befreiung und Loslösung des Festgefahrenen und zu extremer Wandlung führen. Das Bild des Turms zeigt eine Situation, die man mit dem Sprichwort „Hochmut kommt vor dem Fall" assoziieren könnte. Wenn man die dynamischen Energien des Universums in bestimmte Grenzen und Strukturen pressen möchte und dabei zu starre

Begrenzungen anlegt, wird sich die Energie durch den geleisteten Widerstand zu einer extrem starken Spannung aufbauen, welche sich dann eruptiv entlädt. Der Turm steht hier für die Erbauung einer Struktur, die man sogar mit einer Krone versehen hat, weil man sie für das höchste Maß der Dinge hielt und dies zu einem egozentrischen, elitären Gefühl von Macht und Kontrolle geführt hat. Doch da dies die ständige Entwicklung und Wandlung aller Dinge aufgehalten und blockiert hat, wurde die immense Energie nach außen projiziert, wodurch sie zu einer scheinbar auferlegten Kraft wurde, welche die Menschen gerne als „Schicksalsschlag“ bezeichnen. Doch dies ist nur bei unbewußtem Umgang und Verdrängung der uranischen Energie der Fall. Die Karte gibt uns die Aufgabe, ständig unsere bestehenden Strukturen und möglicherweise vorhandenen geistigen Blockaden zu erforschen und auf unsere innere Stimme zu hören, die uns ohne Vorwarnung einfach mit einem neuen Gedanken oder einer Idee konfrontiert. Es gilt, die Bereitschaft zur Dynamik des Lebens zu erhöhen und ins eigene Leben zu integrieren. Bei einer kollektiven Gruppe von Menschen, die unterdrückt oder begrenzt werden, ist es Uranus, der für die herausgeforderte Revolution oder den Sturz eines politischen oder gesellschaftlichen Systems steht. Der uranische Geist ist geprägt von Freiheitsdenken und so zeigt uns Der TURM eine Befreiung von veralteten Strukturen und keine Bestrafung oder einen fremdbestimmten „Schicksalsschlag“.

Karte XVII
Der STERN
(The STAR)

Allgemeine Bedeutung:
Offenheit, Hingabe, Fließen lassen, Erfüllung, Loslösung, Zuversicht, Echtheit, Selbstlosigkeit, Hoffnung, Authentizität
Schatten: Selbstzweifel, Mißtrauen. Aussichtslosigkeit, Masken tragen
Archetypus:
Das Wasser des Lebens
Höheres Ziel: Vertrauen in die kosmische Ordnung
Astrologische Zuordnung:
Wassermann / Luft

Genau wie die Karte VII – Der WAGEN, ist auch Der STERN dem Wassermann zugeordnet. Doch während der Wagenlenker seine Individualität und persönliche Freiheit noch demonstrieren mußte, um seiner Umwelt die praktische Konsequenz aus seinen Visionen und Vorstellungen zu zeigen, hat die Frau auf dieser Karte den Begriff Freiheit auf eine höhere Ebene gebracht, sozusagen transzendiert. Sie hat Freiheit erreicht, indem sie sich von allen Begrenzungen gelöst hat. Wir sehen, dargestellt durch die beiden Krüge, daß sie ihre Energie freizügig fließen läßt, im materiellen wie im geistigen Sinne, was durch das Wasser und die Erde, auf die sie den Inhalt der Krüge gießt, symbolisiert wird. Sie ist frei, weil sie alle Masken und Äußerlichkeiten abgelegt hat. Sie ist nackt dargestellt, was uns zeigt, daß ihre Einzigartigkeit und Individualität nur aus ihrem wahren Wesen entspringt, der Person, die sie wirklich ist, echt und authentisch. Sie muß sich und anderen nichts mehr beweisen. Während der Wagenlenker zeigt, daß er sich für etwas Besonderes hält, kniet die abgebildete Frau demütig nieder. Sie hat erkannt, daß sie den Menschen am besten dient, indem sie einfach sie selbst ist, ihr volles Potential zum Wohle aller ausschöpft und ihre einzigartigen Fähigkeiten und Talente nutzt. Und diese Erkenntnis erfüllt sie mit Demut und Dankbarkeit und gibt ihr die Hoffnung und Zuversicht auf die Erfüllung ihrer Visionen, die durch die Sterne symbolisiert werden, genauso wie sie darauf vertraut, daß die Krüge niemals leer werden, das heißt, die Energie niemals versiegen wird. Ihre Verbindung zur alles umfassenden Energie wird auch auf dieser Karte wieder mit einem Berg dargestellt, der die Verbindung vom Niederen zum Höheren oder vom Materiellen zum Geistigen anzeigt. Auch der abgebildete Baum hat seine Wurzeln in der Erde, während die Krone in den Himmel ragt. Der Vogel, der auf dem Baum sitzt, steht für Freiheit und die Möglichkeit, in den Himmel aufzusteigen. Durch die Kraft der Zuversicht und der Hoffnung kann unser Geist Flügel bekommen und so unsere Visionen wahr werden lassen.

Karte XVIII
Der MOND
(The MOON)

Allgemeine Bedeutung:
Illusion, Täuschung, Trugbild, Dunkelheit, das Unbekannte, Subjektivität, Angst, Traum
Schatten: Realitätsverlust, sich selbst verlieren
Archetypus:
Die dunkle Nacht der Seele
Höheres Ziel:
Überwindung der Angst
Astrologische Zuordnung:
Krebs / Wasser

Der Weg, den es hier zu beschreiten gilt, beginnt bei dem unten abgebildeten Krebs, der sich scheinbar daran macht, daß Wasser zu verlassen. Charakteristisch für den Krebs, dem die Karte auch astrologisch zugeordnet ist, ist seine Eigenschaft, an Altem und Bekanntem, an Sicherheit und der Vergangenheit festzuhalten, er liebt die Zurückgezogenheit in sein Gehäuse, das ihm Geborgenheit gibt. Seine starke Introvertiertheit macht es ihm schwer, das Bekannte zu verlassen und sich auf den Weg zu machen, nicht zuletzt, weil er emotional stark beeinflußbar ist. Aus diesem Grund ist der Krebs sehr anfällig für den Mond, der hier vortäuscht, daß er selbst leuchten würde, obwohl er von der Sonne angestrahlt wird. Der Mond symbolisiert daher auf dieser Karte (wie im Tarot insgesamt) die Täuschung und die Illusion. Er spiegelt uns Trugbilder vor, die uns möglicherweise in Angst versetzen können. Die Aufgabe der Karte ist es daher, seine Ängste zu überwinden und das bisher Vertraute loszulassen, um zu wachsen und sich zu weiterzuentwickeln. Dabei ist es notwenig, sich mit den eigenen Ängsten zu konfrontieren, ihnen ins Auge zu sehen und sie als Illusion zu entlarven. Doch der Weg führt zuerst durch die Dunkelheit des Unbewußten. Der Hund und der Wolf symbolisieren unsere animalische Natur und unsere Urängste, an denen wir auf unserem Weg vorbei müssen und die es anzusehen und zu integrieren gilt. Die beiden Pfeiler repräsentieren die Grenzen der bekannten und vertrauten Welt; dahinter beginnt Neuland. Und dort wird uns niemand helfend beistehen, wir müssen den Weg durch die Dunkelheit alleine meistern. Doch in der Welt der Polarität ist dies der einzige Weg, der uns schließlich zum Licht führen wird. Erst in weiter Ferne sind am Horizont Berge zu erkennen, die das höher entwickelte Bewußtsein darstellen. Doch auch wenn der Weg lang und beschwerlich sein mag, müssen wir uns doch irgendwann aufmachen, denn das Verharren in der Dunkelheit würde uns der Macht der Illusion immer stärker aussetzen und möglicherweise dazu führen, daß wir uns in eine Phantasie- oder Traumwelt flüchten oder den Bezug zur Realität verlieren. Und somit würden Feinfühligkeit, Sensibilität, innere Zartheit, Hingabe, Gefühlstiefe und emotionale Empfänglichkeit, die den Krebs positiv auszeichnen, uns noch angreifbarer machen und damit noch weiter in die Dunkelheit und die Welt der Ängste hinabziehen.

Karte XIX
Die SONNE
(The SUN)

Allgemeine Bedeutung:
Freude, Unbefangenheit, Wärme, das innere Kind, Spontaneität, Natürlichkeit, Lebendigkeit
Schatten:
Übermut, Naivität, Verblendung
Archetypus:
Der schöpferische Impuls
Höheres Ziel:
schöpferischer Selbstausdruck
Astrologische Zuordnung:
Sonne / Feuer

Wenn wir uns daran erinnern, daß jede Karte einen inneren Teilaspekt unseres Selbst darstellt, so finden wir hier das schöpferische Prinzip der Sonne verkörpert. Das abgebildete Kind, das seine Arme ausbreitet und das Leben voller Herzlichkeit annimmt, steht für den Teil in uns, der offen und bedingungslos sein Inneres nach außen bringt und die Welt voller Staunen und Freude erlebt. Der Blumenkranz auf seinem Kopf und das weiße Pferd, auf dem es reitet, symbolisieren Reinheit und Unschuld. Es ist nackt dargestellt, um zu zeigen, daß es nichts zu verbergen hat, keine Maske hat und uns nichts vormacht. Es hat der Mauer der Begrenzung den Rücken zugewandt und reitet von ihr weg. Es hat sie mit seinem Optimismus und seiner lebensbejahenden Einstellung nicht als Hindernis, sondern als Ansporn gesehen, und sie so überwunden. Dort, wo einst eine Grenze war, wachsen nun Sonnenblumen. Diese Beschreibungen und Eigenschaften werden von manchen Menschen als das „innere Kind" bezeichnet, da jeder Mensch diese Züge in sich trägt. Und man muß nicht Kind sein, um sie herauszulassen. Jeder kann dies tun, wann und wo immer er will. Hier ist Kreativität und Schöpfergeist gefragt, aktives Handeln und selbstbestimmtes Leben, wie die rote, feurige Fahne zeigt, die das Kind trägt. Doch um zu zeigen, daß es sich um das „innere" Feuer handelt, welches gelebt werden soll, hat es die Fahne in der linken Hand. Die linke Seite ist immer die Verbindung zum Inneren, zur Phantasie, zum Sitz der Emotionalität und zum Unterbewußtsein. Die rechte Seite repräsentiert die aktive Seite, welche die inneren Anteile nach außen in die Welt trägt. Im Idealfall findet ein Wechselspiel zwischen beiden Seiten statt. Der innere Impuls des Lebens wird aktiv nach außen gebracht. Das Denken und die innere Einstellung werden zu Worten und Taten, werden von der Existenz als nichtmaterielle Substanz zur Ebene der materiellen Substanz erhoben. Dieser Prozeß ist die Essenz der Schöpfung, welche die Sonne verkörpert. Jeder Mensch hat in seinem Inneren Ideale, Vorstellungen und Visionen sowohl von sich selbst, als auch von der Welt und von dem Leben, welches er leben möchte. Die Karte fordert uns auf, diese Bilder und Visionen in die Welt zu tragen und zu leben. Am Anfang steht immer das geistige Bild, die Vorstellung von etwas. Platon nannte diese Bilder Ideen. Und es ist unsere Aufgabe, zu erkennen, daß wir durch die uns innewohnenden Bilder unsere äußere Welt und unser Leben bestimmen, da wir schöpferische Fähigkeiten haben und unser Inneres im Außen erschaffen. Das ist das Geheimnis der Schöpfung, es ist ein Gesetz, das wir nicht umgehen können und daher auch nicht ignorieren sollten. Wir haben die Wahl, ob wir diesen Prozeß bewußt durchführen wollen oder ob wir unbewußt unsere Realität erschaffen und uns somit als Opfer des Schicksals und der Welt erleben wollen.

Karte XX GERICHT (JUDGEMENT)

Allgemeine Bedeutung:
Wiedergeburt, Erkenntnis von persönlicher Macht, Erneuerung
Schatten: Unbewußtheit, geistiger Schlaf, Selbsttäuschung, (geistige) Gefangenschaft, Ohnmacht
Archetypus: Die Auferstehung
Das (bewußte, geistige) Erwachen
Höheres Ziel:
Erkenntnis der Gesetze der Natur, Aufstieg zu einer höheren Ebene
Astrologische Zuordnung:
Pluto / Wasser

Die dargestellte Szenerie erinnert mehr an die Auferstehung der Toten, als an ein Gericht. Ein Engel bläst in eine Trompete und die Toten stehen aus ihren Särgen auf. Doch wie bei allen Karten des Tarots ist dies nur ein Bild für ein inneres Geschehen.

Seit Anbeginn der Menschheit sind alle Menschen auf der Suche. Und genauso lange haben alle großen Meister den Menschen immer wieder die gleiche Botschaft verkündet: „Erwachet!" Doch nur die wenigsten Menschen haben verstanden, was damit gemeint ist. Und so haben die Menschen die Suche nach der verlorenen Einheit, nach „Gott", dem wahren Glück und innerem Frieden und somit ihrer wahren Existenz in die äußere Welt verlegt. Doch äußere Sicherheiten sind nur Schein, und Kontrolle nur eine Illusion.

Das auf der Karte gezeigte Bild ist kein einmaliges Ereignis, sondern die graphische Darstellung der eigentlich laut und unüberhörbar tönenden Stimme, die durch die Jahrtausende geschallt hat und uns aufruft, aus unserem unbewußten Zustand zu erwachen. Es ist die Stimme unseres Unterbewußtseins, das uns auffordert, unsere eigentliche Existenz als schöpferisches, bewußtes Wesen zu erkennen und aus unserem Schlafzustand zu erwachen, in dem wir uns einem fremdbestimmten Schicksal in einem chaotischen Universum der endlosen Zufälle ausgeliefert fühlen. Doch alles, was wir brauchen, alles wonach wir jemals gesucht oder verlangt haben, ist in uns. Diese letzte Wahrheit ist so einfach, daß die Menschen sie einfach nicht glauben wollen. Sie weigern sich, die Verantwortung für ihr Leben zu übernehmen und damit ihre schöpferische Macht anzuerkennen, die sie immer gehabt haben. Und so leben sie weiter in ihrem Traum- oder Schlafzustand und wandeln unbewußt über die Erde wie Zombies.

Doch irgendwann kommt für jeden Menschen der Zeitpunkt, an dem er die Stimme seines Inneren so deutlich vernimmt, daß er sie nicht mehr überhören kann und ihm langsam klar wird, daß er schon viel zu lange geschlafen hat. Das ist der Punkt der Wendung, an dem ein inneres Gericht abgehalten wird, an dem man an der größten und wichtigsten Kreuzung des Lebens steht, wie das Kreuz an der Trompete uns zeigen soll. An diesem Punkt wird die Entscheidung getroffen, die eigene schöpferische Existenz und die damit einhergehende Macht und Verantwortung nicht mehr zu ignorieren, sondern den Schritt auf eine höhere, bewußte Ebene der Existenz zu machen und gleichsam aus einem ewigen Schlaf zu erwachen.

Die roten Flügel des Engels zeigen uns wieder das alchimistische Feuer und die Transformation des Geistes an, die erforderlich ist, um aus seinem Sarg aufzustehen und mit dem bewußten Leben zu beginnen.

Die Berge im Hintergrund zeigen auch hier die Verbindung zu den höheren geistigen Gesetzen an, die uns bewußt wird, wenn wir die Entscheidung treffen, die ewige Suche vom Äußeren ins Innere zu verlagern. Diesen Wendepunkt könnte man auch als „Auferstehung“ bezeichnen. Das alte Ich muß sterben, damit das neue geboren werden kann. Dies ist die Wiedergeburt oder zweite Geburt, die alle Kulturen und Religionen dieser Welt kennen und die heute nur noch wenigen Menschen bewußt ist.

Die astrologische Zuordnung gilt Pluto, der die evolutionäre Reise der Seele, des Bewußtseins, symbolisiert. Pluto ist der Herrscher des Skorpion, womit der Bezug zur Karte XIII – TOD klar wird. Sein Element ist das Wasser, das einerseits das Kollektive Unbewußte repräsentiert und uns andererseits in die Tiefen unseres eigenen Unterbewußtseins führen soll. Und er steht für Tod und Wiedergeburt, Metamorphose und Wandlung der niemals endenden Sehnsucht nach Erfahrung; ein Prozeß der nicht nur einmal und vor allem nicht im Außen stattfindet. Im Gegenteil ist jede Entwicklung auf eine höhere Bewußtseinsstufe gleichsam der symbolische Tod einer Person, damit eine neue entstehen und wachsen kann. Durch die Bewußtwerdung dieser Prinzipien ist es dem Menschen möglich, seine statische, begrenzte Sicht der Dinge und seine Scheinsicherheit aufzugeben und damit sowohl den Prozeß des Erwachens einzuleiten, als auch den ewigen metamorphischen Wandlungsprozeß des Bewußtseins zu verstehen und von nun an bewußt zu leben. Doch dafür ist es unter anderem notwendig, sich seinen Schatten anzusehen und bewußt zu machen, jenen Teil unseres Unterbewußtseins, in dem wir alle Ängste, Zweifel und dunklen Seiten verborgen haben. Das ist mit dem inneren Gericht gemeint. Doch wir sollen uns nicht verurteilen, sondern einfach die bislang verdrängten und somit fehlenden Seiten unserer Selbst ansehen, akzeptieren und schließlich integrieren, um wieder ganz, vollständig und heil zu werden.

Karte XI
Die WELT
(The WORLD)

Allgemeine Bedeutung:
Vollkommenheit, Ganzheit
Schatten: Einschränkung, enge Grenzen, Stillstand
Archetypus:
Die Rückkehr ins Paradies,
Die Vollendung eines Kreislaufs
Höheres Ziel: Wiederherstellung der geistigen Einheit, bewußte Überwindung der Dualität
Astrologische Zuordnung:
alle Prinzipien / alle Elemente

Wie schon bei anderen Karten erwähnt, nehmen wir aufgrund unserer polaren Wahrnehmung des Universums von allem auch das Gegenteil wahr, damit wir die Möglichkeit haben, etwas überhaupt zu erfahren. Wir wüßten nicht, was oben wäre, wenn es kein unten gäbe. Wir könnten uns nicht als gut, liebevoll, charmant, humorvoll, traurig, verzweifelt oder was auch immer erfahren, wenn es keinen Gegenpol gäbe, auch wenn diese Begriffe lediglich unsere subjektive Wahrnehmung widerspiegeln. Nichtsdestotrotz ist der Sinn und Zweck des Universums und des Lebens Selbsterfahrung und schöpferischer Selbstausdruck.

Die Karte 0 – Der NARR stellt, wie wir gesehen haben, die geistige Einheit, eine Welt ohne Trennung in polare Gegensätze und Bewertungen dar. Ich habe bereits mehrfach erwähnt, daß Berge im Tarot die Verbindung zum höheren Bewußtsein darstellen. Und der Narr wandelt *auf* einem Berg, und zwar vor einem Abgrund, vor dem *Fall* in die Polarität.

Die WELT nun repräsentiert den Punkt, an dem die gesamte Schöpfung (die Karte wurde früher auch *Das UNIVERSUM* genannt) sich innerhalb des polaren Universums ihrer wahren Natur bewußt wird. Während Der NARR die geistige Einheit darstellt, ist Die

WELT das *bewußte* Wissen, Fühlen und Erfahren dieser Einheit in ihrem vollen Potential. Sie stellt die Vollendung des Prozesses der Bewußtwerdung dar. Dies wird bei vielen Autoren als die tänzerische oder spielerische Ekstase beschrieben. Hierzu ein Auszug aus dem *Buch Thoth*: *„Dieser Anfang* [Der NARR, Anm.d.Aut.] *war das Nichts; das Ende* [Die WELT, Anm.d.Aut.] *muß somit auch das Nichts sein, jedoch das Nichts in seiner vollständigsten Entfaltung...“* (Aleister Crowley, *Das Buch Thoth*, Urania, Neuhausen 1997)

Aus den vorgenannten Gründen sehen wir auf der Karte wieder alle vier Elemente dargestellt. Die Frau hält außerdem in jeder Hand einen Stab als Zeichen der Aufhebung der Gegensätze. Das Tuch um ihre Lenden verdeckt, daß sie nichtgeschlechtlich ist, hermaphrodit, beide Pole in sich vereinend. Die Haltung der Beine entspricht derjenigen auf der Karte XII – Der GEHÄNGTE, und repräsentiert somit die neptunische Nicht-Existenz eines Ego. Die roten Schleifen, die Lemniskaten bilden, sind oben und unten angebracht, um zu zeigen, daß es kein oben und unten mehr gibt.

Die kleinen Arkana

Da das Wort *Arkanum*, wie schon erwähnt, Geheimnis bedeutet, wird klar, daß es sich bei den kleinen Arkana um die kleinen Geheimnisse handelt, die wir auf unserem Weg kennenlernen müssen, um zu den großen Geheimnissen zu gelangen. Die kleinen Arkana sind unterteilt in vier Sätze. Jeder Satz hat ein Symbol, welches einem Element zugeordnet ist.

Die MÜNZEN

Die Münzen repräsentieren das Element Erde, das heißt die Materie, die äußere Welt und das Körperliche. Die Münzkarten zeigen außerdem die verschiedenen geistigen Gesetze und Prinzipien an, die sich in der materiellen Welt manifestieren, also sozusagen *fest*gelegt sind.

Die SCHWERTER

Die Schwerter symbolisieren das Element Luft, also den Intellekt und gedankliche Entscheidungen. Die Schwertkarten zeigen an (unter anderem dadurch, daß sie zweischneidig sind), daß in verschiedenen Lebenssituationen bestimmte Entscheidungen auf uns zukommen, die getroffen werden müssen. Hierbei sind sie Anleitung und Hilfestellung, wie man für sich selbst die richtigen Entscheidungen herausfindet und bestimmte Muster aufdeckt, die im bisherigen Leben möglicherweise bewirkt haben, daß Entscheidungen unbewußt getroffen wurden oder andere für und über unser Leben entschieden haben.

Die STÄBE

Die Stäbe repräsentieren das Element Feuer, das heißt Aktivität, Aggression, Sexualität und somit aktives Handeln. Die Stabkarten geben uns Hinweise und Hilfestellung bezüglich unserer Handlungen. Sie sagen uns, wann wir handeln bzw. nicht handeln sollen und wie wir handeln sollen. Handlung ist in die Tat umgesetzte Energie. Und die Stäbe fordern uns auf, unsere Energie sinnvoll in die Tat umzusetzen, um uns nicht selbst im Weg zu stehen oder zu erreichen, daß die Energie destruktiv auf uns zurückfällt.

Die KELCHE

Die Kelche symbolisieren das Element Wasser, also das Gefühl bzw. das Emotionale. Die Kelchkarten sollen uns dabei helfen, wenn es darum geht, herauszufinden, wie man mit bestimmten Gefühlen in bestimmten Situationen des Lebens umgehen soll. Sie zeigen uns auf, wie wir unsere Gefühle sinnvoll zum Ausdruck bringen, und wie sich ein unbewußter Umgang mit Gefühlen auswirken kann.

Die HOFKARTEN

Jeder Satz beinhaltet abgesehen von den sogenannten Zahlenkarten, die von eins bis zehn durchnumeriert sind, auch noch vier Hofkarten, den Buben, den Ritter, den König und die Königin. Diese vier Karten zeigen uns verschiedene Arten und Möglichkeiten an, mit dem Prinzip des Elements, dessen Qualitäten und der ihm eigenen und speziellen Energie umzugehen.
Die BUBEN zeigen eine Person an, die sich mit dem entsprechenden Element noch nicht sehr stark auseinandergesetzt hat und daher unerfahren im Umgang mit ihm ist.
Die RITTER verkörpern einen Menschen, der die Energie des Elementes sehr extrem und vehement lebt, kompromißlos und dynamisch.
Die KÖNIGE stellen interessanterweise Menschen dar, die das entsprechende Element sehr einseitig und überwiegend negativ leben, während die KÖNIGINNEN verdeutlichen, wie man positiv bzw. ausgeglichen mit der Energie des Elementes umgeht.

Die MÜNZEN

Die Münzen repräsentieren das Element Erde, das heißt die Materie, die äußere Welt und das Körperliche. Die Münzkarten zeigen außerdem die verschiedenen geistigen Gesetze und Prinzipien an, die sich in der materiellen Welt manifestieren, also sozusagen *fest*gelegt sind.

AS der MÜNZEN

Das As der Münzen zeigt uns einen Garten an, in dem weiße Lilien blühen und der von einer Hecke mit einem kleinen Torbogen umgeben ist. Darüber sehen wir eine Hand, die aus einer Wolke kommt und eine große Münze darbietet. Die Münze repräsentiert die Materie und das Element Erde, welches uns hier in symbolischer (Roh)Form mit auf den Weg gegeben wird. Der Garten, in dem weiße Lilien blühen, die Unschuld und Reinheit symbolisieren, ist mit dem mythologischen Bild vom Garten Eden vergleichbar. Der Torbogen, der den Blick auf die Berge im Hintergrund freigibt, ist somit die Aufforderung, den Garten zu verlassen und die Reise in die Welt der Materie anzutreten. Wie ich bereits bei der Erklärung der hohen Arkana erwähnte, stehen die Berge für die Überwindung von Hindernissen und den symbolischen Aufstieg zu einer höheren Ebene des Bewußtseins. Die Karte steht somit für den inneren Entschluß, die besagte Reise des Bewußtseins in der Welt der Materie zu beginnen. Noch ist alles friedlich. Mit Ausnahme der Wolke, die das eigene Potential aus dem Unterbewußtsein repräsentiert, sind am Himmel keine weiteren Wolken zu sehen. Auch sind noch keine Personen abgebildet, es hat noch keinerlei Handlung stattgefunden. Dies ist nur die Abbildung, welche unsere innere Szenerie symbolisiert, von der aus wir starten. Es herrscht eine friedliche und natürliche, aber auch neutrale Stimmung. Was von nun an passiert, liegt völlig bei uns, denn wir haben immer die freie Wahl, wofür wir uns entscheiden. Somit repräsentiert diese Karte das Gesetz des freien Willens oder auch der Wahlfreiheit, aber gleichzeitig die Aufforderung, die materielle Welt zu erkunden und in ihr zu wachsen und schöpferisch tätig zu sein.

ZWEI der MÜNZEN

Die Karte zeigt einen Mann, der mit zwei Münzen zu jonglieren scheint. Er trägt rote Kleidung und steht auf einem Bein. Im Hintergrund sehen wir zwei Schiffe, die von den abgebildeten Wellen rauf und runter bewegt werden. Das Auf und Ab sowohl der Münzen in den Händen des Mannes, als auch der Wellen im Hintergrund, in Zusammenhang mit der großen Lemniskate, welche die beiden Münzen einschließt, soll einerseits auf die Dynamik und andererseits auf die zyklische Natur des Universums hinweisen.

Der Wissende dieser Prinzipien ruht in der Mitte, ist zentriert und ausbalanciert. Die rote Kleidung, die für die Transformation, die Veränderung und Dynamik steht, zeigt an, daß der Mann auf die Dynamik des Lebens reagiert. Aber er reagiert nicht darauf, indem er Widerstand leistet oder dagegen ankämpft, sondern dadurch, daß er diese Dynamik anerkennt und zuläßt. Man beachte, daß er die Abwärtsbewegung der Münze in seiner linken Hand durch das Heben seines linken Beines ausgleicht. Wenn die Münze schwer wird, wird er leicht. Wenn sie sich nach unten bewegt, bewegt er sich nach oben. Seine rechte Seite stellt dar, daß er die Materie, welche sich zu sehr ins Luftige, also ins zu sehr gedanklich Betonte begibt, durch seine Standfestigkeit des rechten Beines ausgleicht. Er erdet damit die Energie. Er paßt sich flexibel an jede Bewegung an, bleibt dadurch in der Balance und hält sein Gleichgewicht. Die graphische Darstellung dieses Prinzips steht natürlich für das innere Gleichgewicht. Es geht darum, seine innere Mitte zu finden, in sich zu ruhen und zentriert zu sein. Die Karte selbst stellt das Gesetz des Zyklus oder des natürlichen Rhythmus der Natur dar.

DREI der MÜNZEN

Wir sehen drei Menschen in einem Raum, der ein Keller oder Gewölbe darstellt. Bei den drei Menschen handelt es sich um den Bauherrn, den Architekten und den ausführenden Handwerker. Da der Bauherr ein Priester ist, liegt die Vermutung nahe, daß es sich bei dem Gebäude um eine Kirche oder ein anderes religiöses Gebäude handelt. Hier wird an den Grundmauern, also an der Basis gearbeitet. Die drei Münzen sind auf dieser Karte in den Pfeiler integriert. Das Gesetz, um das es hier geht, ist das Gesetz der Schöpfung. Die drei Münzen stehen – genau wie die drei Leute – für die drei Ebenen der Schöpfung, nämlich Gedanke, Wort und Tat. Der Bauherr steht für den Gedanken, die ursprüngliche Absicht. Der Architekt repräsentiert das Wort, den Ausdruck des Gedanken auf der sprachlichen Ebene. Und der Handwerker steht für die Tat, die in Handlung umgesetzte Absicht. Sie alle zusammen arbeiten an den Grundmauern des Gebäudes, welches unser Leben repräsentiert. Das Gesetz, das hier bildlich dargestellt ist, besagt, daß unseren Gedanken, Worten und Handlungen schöpferische Kraft innewohnt. Gemäß den Gesetzen der Resonanz und Entsprechung, die besagen, daß Gleiches und Gleiches sich auf der energetischen Ebene anziehen, wie wir noch bei der Fünf der Münzen sehen werden, erschafft sich jeder Mensch durch die drei Ebenen der Schöpfung seine eigene Realität. Somit wird durch diese Karte auch das Element des Zufalls ausgeräumt, an das so viele Menschen glauben. Im Universum geschieht nichts zufällig, sondern wir bekommen ausschließlich das, was wir persönlich erschaffen. Dies kann bewußt geschehen oder auch unbewußt. Damit erhält die Karte noch eine andere Bedeutung. Die meisten Menschen erschaffen ihre Realität weitestgehend aus dem Keller ihres Unterbewußtseins. Sie ist somit gleichzeitig Aufforderung, uns unserer schöpferischen Macht bewußt zu werden und die Verantwortung für uns und unser Leben zu übernehmen.

VIER der MÜNZEN

Der auf der Karte abgebildete Mann sitzt auf einem steinernen Block. Er hat unter jedem Fuß eine Münze, eine ist auf seiner Krone und eine hält er in den Händen. Die Karte enthält gleich zwei geistige Gesetze, die jedoch beide in ihrer negativen Form dargestellt sind. Das erste Gesetz besagt, daß alles im Universum ständig in Bewegung und im Wandel befindlich ist. *Panta rei.* Aus diesem Grund kann nichts festgehalten werden, denn dadurch wird die natürliche Form der Energie, nämlich im Fluß zu sein, blockiert. Der Mann auf der Karte klammert sich regelrecht an die Materie und versucht, sie festzuhalten. Die Positionen der vier Münzen zeigen an, daß Materie seine Basis bildet (unter den Füßen), seine Emotionen daran hängen (vor dem Herz) und sein Denken davon bestimmt ist (auf dem Kopf). Dies widerspricht jedoch dem natürlichen Gesetz des Universums. Die dargestellte Aufgabe und Aufforderung ist somit, nicht in der Materie verhaftet zu bleiben und sie festzuhalten, sondern den natürlichen Fluß der Energie im Universum zu akzeptieren. Dies entspricht dem Gesetz des Wandels oder der Evolution.

Die zweite Aufgabe der Karte besteht darin, sich nicht von materiellen Dingen abhängig zu machen und sein Glück in der äußeren Welt zu suchen. Denn Glück kann niemals durch etwas außerhalb des Selbst erlangt werden. Glück ist ein Seinszustand und kann daher nur aus dem Innen kommen.

FÜNF der MÜNZEN

Die Karte zeigt zwei Menschen, die durch den Schnee gehen. Der Mann geht auf zwei Krücken und hat Verbände um den Kopf und seinen rechten Fuß. Er symbolisiert damit das Prinzip „Krankheit". Die Frau neben ihm hat zerlumpte Kleider, keine Schuhe und sieht traurig und frustriert nach unten. Sie repräsentiert das Prinzip der Armut und des Elends. Die Tatsache, daß sie an dem Kirchenfenster vorbeigehen, ohne es zu sehen, soll zeigen, daß ihnen die geistigen Gesetze nicht bekannt sind, durch welche sie ihre Situation selbst herbeigeführt haben.

Wie wir bei der Karte Der MAGIER der hohen Arkana gesehen haben, ist die bewußte Anwendung der geistigen Gesetze das fünfte Element. Daher sind die fünf Münzen hier in das Fenster integriert worden. Wie ich schon erklärt habe, sind Gedanken schöpferisch. Dies gilt für positive wie für negative Gedanken. Die Gesetze des Universums bewerten nicht, sondern projizieren vereinfacht ausgedrückt unser Bewußtsein nach außen. Man könnte auch sagen, daß sich jeglicher Geisteszustand in der äußeren Welt reproduziert und manifestiert. Die Ursache des Zustands der beiden Menschen liegt also in ihrem eingeschränkten Bewußtsein bzw. an der Auswirkung von natürlichen Gesetzen, deren Wirkungsweise ihnen aber nicht bekannt ist. Dabei ist es nicht so, daß sich jeder Gedanke sofort manifestiert. Bei einem nicht völlig bewußten Menschen müssen Gedanken über längere Zeit gedacht werden bzw. ein bestimmtes Bewußtsein aufrechterhalten werden, um eine Wirkung in der äußeren Welt zu haben. Doch jede grundlegende geistige Haltung, die längere Zeit mit Energie versorgt wird, wird sich auch in der äußeren Welt manifestieren. Damit ist auf der Karte das Gesetz der Entsprechung oder der Resonanz gezeigt.

Als Anmerkung möchte ich an dieser Stelle hinzufügen, daß das, was wir gemeinhin „Krankheit“ nennen, keineswegs zufällig geschieht und (von Verletzungen und Unfällen abgesehen) auch keine externen Gründe hat, sondern gemäß biologischer Naturgesetze abläuft. Wer diese Gesetze (gemeint sind die 5 biologischen Naturgesetze der *Neuen Medizin*) nicht kennt, wird vielleicht den Eindruck haben, er sei das Opfer von „Krankheit“, doch bei Kenntnis dieser Gesetze kann jeder Mensch selbst bei sich überprüfen, daß die Abläufe in unserem Körper eigentlich sinnvolle Regulationsprozesse sind, die von uns ausgelöst werden und nach den vorgenannten Gesetzen ablaufen.

SECHS der MÜNZEN

Auf der Karte sehen wir einen vornehm gekleideten Mann, der in seiner linken Hand eine Waage hält und mit der rechten Hand etwas an die beiden bedürftigen Menschen austeilt, die vor ihm auf dem Boden knien. Die SECHS der MÜNZEN repräsentiert das Gesetz der Harmonie, das wir schon bei der Karte GERECHTIGKEIT der hohen Arkana kennengelernt haben. Alles im Universum ist immer in einem Zustand der Ausgeglichenheit. Wenn wir nun etwas tun, das die Waage des Universums sozusagen aus der Balance bringt, wird das Universum dies sofort wieder ausgleichen und damit Harmonie und Ausgeglichenheit wiederherstellen.

In der Karte ist aber noch eine andere Aufgabe integriert. Der abgebildete Mann hält die Waage in seiner linken Hand und teilt etwas mit der rechten aus. Dies soll uns sagen, daß er auch in seinem Inneren einen Zustand der Ausgeglichenheit herbeiführen möchte. Er ist bestrebt, diejenigen, die weniger haben, an seinem Wohlstand teilhaben zu lassen. Das rechte Maß findet er dadurch, daß er auf sein Gefühl und seine innere Stimme hört, die durch die linke Hand repräsentiert werden. Die rechte und somit aktive Hand ist diejenige, die handelt und das Ergebnis seines inneren Abwägens in die Tat umsetzt. Dies zeigt uns einerseits an, daß er nicht selbstgefällig ist, und andererseits, daß er die Menschen, die weniger haben, als er selbst, nicht dafür verurteilt, sondern mit ihnen teilt. Und dies tut er, obwohl er wahrscheinlich weiß, daß auch diese beiden ihr eigenes Schicksal in der Hand haben und selbst gestalten.

SIEBEN der MÜNZEN

Auf dieser Karte ist ein Mann abgebildet, der sich auf ein Gartengerät stützt und auf einen Strauch blickt. Sein Blick und seine Haltung zeigen Ungeduld und mangelndes Vertrauen, womit die Themen der Karte repräsentiert werden, nämlich Geduld und Vertrauen. Die Szene ist eine bildliche Darstellung dafür, daß er einen Gedanken sozusagen gesät hat und nach dem Gesetz, das besagt, daß Gedanken schöpferisch sind, auch genau das erhält, was er gesät hat. Doch dieser Mann ist ein gutes Beispiel für den typischen Menschen, ihm mangelt es an Geduld und Vertrauen. Viele Menschen können es gar nicht abwarten, etwas Bestimmtes zu erhalten und kämpfen außerdem meist dafür, da sie kein Vertrauen in das Leben haben, das ihnen aber stets das gibt, was ihnen zusteht bzw. was sie durch ihre schöpferischen Fähigkeiten anziehen. Man kann das

Gras nicht schneller wachsen lassen, wenn man daran zieht, sagt ein chinesisches Sprichwort. Die Aufgabe der Karte ist es daher, dem Leben zu vertrauen, im Wissen, daß man erhält, was man gesät hat und Geduld zu haben bis das gewünschte Ergebnis eintritt.

ACHT der MÜNZEN

Auf der Karte ist ein Mann abgebildet, der auf einer Bank sitzt und eine Münze mit Hammer und Meißel bearbeitet. Die schon fertiggestellten Münzen sind an der rechten Seite an einem Baum oder einer Wand aufgehängt und eine noch nicht bearbeitete Münze liegt neben ihm unter der Bank. Das Thema der Karte sind Vorstellungen oder auch innere Bilder. Der Mann bearbeitet symbolisch gesehen sein eigenes Leben, und die Münzen repräsentieren seine Vorstelungen in den verschiedenen Bereichen des Lebens. Wir alle haben die Fähigkeit, wünschenswerte Bilder in unserem Inneren zu erschaffen. Ein Bild ist eigentlich nur eine andere Art von gedanklicher Vorstellung, die jedoch schon eine konkretere Form angenommen hat. Wie ein Maler das Bild, das in seinem Inneren bereits auf der Leinwand des Geistes existiert, von der geistigen Vorstellung auf die Leinwand, und damit in die materielle Realität überträgt, bearbeitet der Mann auf der Karte die Münze gemäß seiner bereits vorhandenen Vorstellung darüber, wie sie einmal aussehen soll. Er erschafft die Realität gemäß seinem inneren Bild davon. Dies soll uns sagen, daß wir alle in der Lage sind, die Bilder unseres Geistes, unsere Vorstellungen und Ideen real werden zu lassen. Wir müssen sie nur geistig nähren, das heißt über einen bestimmten Zeitraum hinweg mit ausreichend Energie versorgen. Wie lange wir ein Bild mit Energie versorgen müssen, damit es sich manifestiert, hängt einerseits davon ab, inwieweit wir in der Lage sind, uns zu konzentrieren, und andererseits davon, wieviel störende oder vielleicht sogar gegensätzliche Bilder oder Gedanken diesen Akt der Konzentration wieder zunichte machen. Die auf dem Boden liegende Münze soll uns daran erinnern, daß auch unser Unterbewußtsein in der Lage ist, Bilder zu erschaffen. Dies können für uns positive und wünschenswerte Bilder sein, aber auch Ängste und negative Bilder. Doch diese werden ebenso wie die bewußt geschaffenen Bilder des Geistes bei einer ausreichenden Versorgung mit Energie in die äußere Realität übertragen. Aus diesem Grund ist es unerläßlich, die geistigen Bilder bewußt zu steuern und aufkommende Ängste sowie negative Bilder durch Gedanken und Bilder, welche wir tatsächlich erschaffen wollen, zu ersetzen. Dies erfordert ein hohes Maß an Bewußtheit, Aufmerksamkeit und Konzentration. Doch je länger wir in der Lage sind, diese Fähigkeiten bewußt aufrechtzuerhalten, desto mehr nähern wir uns der Fähigkeit, unser gesamtes Leben bewußt zu kreieren. Die Karte zeigt uns somit das Gesetz der Imagination.

NEUN der MÜNZEN

Wie wir gesehen haben, ziehen wir aufgrund des Gesetzes der Entsprechung oder Resonanz genau diejenigen Dinge in unser Leben, die unserer eigenen Schwingung entsprechen. Außerdem besagen die Gesetze der Schöpfung und der Imagination, daß unsere persönliche Realität durch die Bilder und Gedanken unseres Inneren erschaffen werden. Welche sich davon manifestieren und welche nicht, hängt ausschließlich von der Menge der Energie ab, die wir in sie investieren. Die Frau, die auf der Karte abgebildet ist, hat sich diese Gesetze bewußt zunutze gemacht und sich Reichtum und Luxus erschaffen, Harmonie und Überfluß. Wenn wir in der Lage sind, uns in unserem Inneren als einen wohlhabenden Menschen zu sehen, dem es an nichts fehlt, und auch daran glauben, daß diese Dinge uns zustehen, werden wir sowohl materiellen Reichtum und Geld, als auch Erfolg und positive Lebensumstände anziehen. Dies wird das Gesetz der Fülle genannt. Doch die meisten Menschen fühlen sich aus irgendeinem Grund nicht wert, diese Dinge zu erlangen. Sie sehen sie außerhalb ihrer Reichweite. Gedanken des Mangels und der Begrenzung verhindern, daß sie wohlhabend werden und diejenigen Dinge anziehen, die sie mit Wohlstand verbinden, weil sofort entgegengesetzte Gedanken in ihrem Geist auftauchen, daß sie solcherlei Dinge nicht verdient haben. Auch bestehende Schuld- oder Minderwertigkeitsgefühle verhindern, daß materielle Güter oder Geld in ihr Leben fließen. Aus diesem Grunde ist es sehr wichtig, auch diejenigen Bereiche des Geistes anzuschauen und zu erforschen, aus denen Gedanken entspringen, die unseren wünschenswerten Bildern entgegenstehen und sie somit auflösen.

Die Frau auf der Karte hält einen Falken auf ihrer Hand, was uns zeigen soll, daß sie ihren Geist wie auch den Vogel gezähmt hat, sozusagen unter Kontrolle gebracht hat. Sie beherrscht ihren Geist und der Geist beherrscht nicht länger sie. Auch zeigt ihre rote Kopfbedeckung an, daß eine Transformation des Geistes stattgefunden hat. Die Fähigkeit, alles Wünschenswerte sofort in unserer Realität zu erschaffen, entsteht nicht von heute auf morgen. Es erfordert Disziplin und Beständigkeit, diese Fähigkeiten zu vervollkommnen. Die kleine Schnecke unten auf der Karte ist ein Hinweis dafür, daß es anfangs langsam vorangeht, wenn wir uns entschließen, besagte Fähigkeiten in uns zu entwickeln. Wir sollten uns auch zu Anfang keine Dinge vornehmen, die zu weit von unserer Vorstellung des Möglichen abweicht. Wie ein Marathonläufer, der beim Training mit einem Kilometer anfängt, dann zwei Kilometer läuft und schließlich die gesamte Distanz bewältigt, müssen auch wir mit kleinen Dingen anfangen. Wenn wir dabei Erfolg haben, werden unser Mut und unser Glaube an uns selbst und unsere Fähigkeiten wachsen. Mit zunehmenden Erfolgen wird sich mehr und mehr Gewißheit dieser Gesetze in unserem Bewußtsein ausbreiten, bis wir schließlich in der Lage sind, größere Dinge in kürzerer Zeit zu vollbringen und in die Realität umzusetzen.

ZEHN der MÜNZEN

Die Abbildung zeigt einen alten Mann mit weißen Haaren, der eine Familie beobachtet. Die Szene zeigt einen Mann, eine Frau, ein Kind, zwei Hunde und einen Torbogen als Eingang zu einem Hof oder einem Anwesen. Die Münzen auf dieser Karte formen das Bild des kabbalistischen Lebensbaumes. Der alte Mann, der in ein Gewand voller Üppigkeit und Fülle gekleidet ist, repräsentiert den völlig bewußten Menschen, der Meisterschaft erlangt hat, und somit sein Leben und sein Schicksal selbst bestimmt. Seine weißen Haare stehen für Erkenntnis und Weisheit.

Die Darstellung könnte man einerseits so deuten, daß er außerhalb der täglichen Probleme des Lebens und der Menschen steht, die in irgendeiner Rolle oder einem Drama gefangen sind und das Leben noch als einen Kampf ansehen. Andererseits könnte man die Szene auch dahingehend interpretieren, daß er auf sein eigenes Leben blickt oder auch zurückblickt, und die Menschen, Hunde und Gebäude stellvertretend für bestimmte Lebensbereiche stehen. Er beobachtet quasi seine eigenen Gedanken, er ist sich ihrer bewußt und wird daher nicht mehr von ihnen kontrolliert oder beeinflußt. Der Mann und die Frau stehen dabei für das männliche und weibliche Prinzip, wie Yin und Yang. Dies zeigt auch die Tatsache, daß sie nicht beide in die selbe Richtung blicken, was ja auf Einseitigkeit hinweisen würde, sondern ihre Blickrichtung sich wechselseitig bedingt, damit sie zusammen alles überblicken. Das Kind steht für das innere Kind bzw. die Fähigkeit, die Welt mit den staunenden und nicht bewertenden Augen eines Kindes zu sehen. Die Hunde repräsentieren den Instinkt bzw. die niederen Beweggründe. Sie sind weiß dargestellt, was bedeutet, daß er diese Instinkt und Triebe auf eine höhere Ebene transzendiert hat. Er beherrscht nun sie, und nicht umgekehrt. Die Hunde sind auch die einzigen, welche den alten Mann ansehen. Sie sind nicht so ins Drama und die Probleme des Lebens verstrickt und sehen ihn mittels ihres Instinkts.

Die Anordnung der Münzen zum kabbalistischen Baum des Lebens zeigt uns, daß es hier um Vollständigkeit geht, da er hier komplett abgebildet ist. Der alte Mann ist alle Wege gegangen und ist nun am Ziel der Reise angelangt, dem bewußten und wachen Geist. Auch die Zahl Zehn der Karte weist uns auf den Abschluß eines Zyklus hin, darauf, daß die Gesamtheit einer bestimmten Thematik bearbeitet wurde und nun ein neuer Abschnitt beginnt.

BUBE der MÜNZEN

Der Bube der Münzen stellt einen Menschen dar, der noch sehr in der Materie verhaftet ist. Er steht mit beiden Beinen auf der Erde und hat braune und grüne Kleidung an, um seine Erdverbundenheit zu zeigen. Er ist so dicht und fest in der Erde verwurzelt, wie die Bäume links neben ihm auf der Karte. Er hält die Münze mit beiden Händen in die Höhe, was seine starke geistige Bezogenheit zu diesem Element verdeutlichen soll. Die Münze ist auf gleicher Ebene mit seiner roten Kopfbedeckung, welche die Transformation und Bearbeitung des Geistes über das Element Erde anzeigt. Auch seine stark muskulösen Arme weisen uns darauf hin, daß er über körperliche Tätigkeit die Materie verändert, wie auch das Fleckchen Erde auf der rechten unteren Seite der Karte zeigt, das kultiviert oder bearbeitet wurde. Dieses Stück Land liegt auf der Karte unterhalb bzw. am Fuße des Berges, welcher die Verbindung vom Materiellen zum Geistigen darstellt. Doch solange er nur im Erdelement verhaftet bleibt und damit auch eine gewisse Einseitigkeit an den Tag legt, wird er nicht zu den höheren Bereichen des Berges bzw. Geistes vordringen.

RITTER der MÜNZEN

Die Ritter sind allesamt auf Pferden dargestellt, was auf die grundsätzlich dynamische Eigenschaft im Umgang mit dem entsprechenden Element hinweist. Das Pferd beim Ritter der Münzen ist hierbei das einzige, das stillsteht und nicht in Bewegung ist, da das Element Erde an sich nicht dynamisch im eigentlichen Sinne ist. Zwar ist alles im Universum dynamisch, aber die Erde ist das dichteste Element. Es verändert und wandelt sich auch, jedoch ist diese Bewegung kaum zu beobachten, da sie eher langsam vonstatten geht. Der Ritter der Münzen hat die Materie und die Erde bearbeitet und nach seinem Ermessen transformiert, wie der rötliche Acker hinter ihm zeigt. Nun schaut er auf seine geleistete Arbeit am Erdelement hinunter und dabei über die Münze in seiner Hand hinweg. Durch seine lange und einseitige Tätigkeit im Materiellen hat er den eigentlichen Bezug zur Erde verloren. Dies zeigt die Hand, mit der er die Münze hält, denn sie ist mit einem Handschuh bekleidet. Er hat die Bedeutung der materiellen auf eine rein materielle Sichtweise degradiert, ohne die darin wirkenden geistigen Gesetze miteinzubeziehen und zu berücksichtigen. Dies wird dadurch verdeutlicht, daß die Berge fast am Horizont verschwunden und gerade noch eben zu sehen sind. Er hat sich durch seine Einseitigkeit und seine Sichtweise vom geistigen Bereich entfernt. Auch sein Pferd ist schwarz abgebildet, wie auf der Karte TOD der hohen Arkana, was einerseits auf die Abwesenheit von Licht hinweist, und andererseits eine gewisse Habgier und besitzergreifendes Denken anzeigt, da schwarz ja die Abwesenheit von Farbe darstellt und somit alle anderen absorbieren möchte. Dies soll uns auch auf die Gefahren hinweisen, wenn wir unser Glück und die Erfüllung unserer Wünsche und Bedürfnisse ausschließlich im Materiellen suchen.

KÖNIG der MÜNZEN

Der abgebildete König blickt mit einer gewissen Selbstzufriedenheit und Selbstgefälligkeit auf die Münze in seiner linken Hand hinab, die anzeigt, daß sein Gefühl stark am Materiellen hängt. Während der Ritter der Münzen über die Materie dominieren wollte, möchte der König sie besitzen und kontrollieren. Aus diesem Grund beherrscht das Materielle sein Bewußtsein. Sein Thron ist schwarz, wie das Pferd des Ritters und zeigt auch hier die Abwesenheit von Licht sowie starken Machtanspruch. Außerdem sind an seinem Thron vier Stierköpfe angebracht, was einerseits durch die Zahl Vier wieder auf den stark einseitigen Bezug zur Materie hindeutet, und andererseits den astrologischen Bezug zum Stier verdeutlicht. Die negative Auslebung dieses Prinzips führt zum simplen Haben- und Sich-einverleiben-wollen, und damit zu einem zwanghaften Verhalten. Das Bewahren wird zum extrem konservativen Festhalten und zu einer Einstellung, die Unveränderlichkeit und Starrheit ausdrückt. Das wiederum führt zu Bequemlichkeit und Widerstand gegen Veränderung und Wachstum. Das wird unterstützt durch die Tatsache, daß der König inmitten seines Luxus isoliert in seiner Burg mit dem Rücken zum Schloß und damit zum Leben und den anderen Menschen sitzt. Hierbei ist zu beachten, daß die Üppigkeit, in der er sitzt, auch die Berge im Hintergrund verdecken und sein Zugang zum Geistigen quasi von der Materie überwuchert wird. Zudem ist er der einzige der Könige, der eine Rüstung trägt, was noch mehr darauf hindeutet, daß er sich vom Rest der Welt abschottet. Damit wird auch klar, worin die Gefahren des einseitigen Bezugs zur Materie und zum starren Besitzdenken führen können.

KÖNIGIN der MÜNZEN

Die Königin der Münzen sitzt auf einem Thron, der inmitten der Natur steht. Sie schaut mit Zufriedenheit und Gelassenheit auf die Münze, die sie in ihren Händen hält. Anders als der König der Münzen, der die Hand über der Münze hat, womit gezeigt wird, daß er die Materie kontrollieren und beherrschen möchte, hält die Königin die Münze entspannt und locker. Sie versteht unter herrschen nicht *be*herrschen, sondern bewahren oder verwalten. Das Bild zeigt sie in einer friedlichen, harmonischen Atmosphäre der blühenden Natur. Die rankenden Rosen auf der oberen Hälfte der Karte und ihr rotes Kleid mit dem weißen Gewand darunter lassen den Bezug zum MAGIER der hohen Arkana erkennen. Die Königin der Münzen „beherrscht" das Element Erde in dem Sinne, daß sie in der die Natur und in der Schöpfung als solches die darin wirkenden geistigen Gesetze erkennt, was auch durch den Berg angezeigt wird, der einerseits ganz in ihrer Nähe abgebildet ist, und der andererseits auch in ihrer Blickrichtung liegt. Das Kaninchen in der rechten unteren Ecke der Karte symbolisiert die Fruchtbarkeit, die aus dem bewahrenden und natürlichen Umgang mit dem Element Erde hervorgeht. In dieser Karte wird uns gezeigt, daß das harmonische Leben im Element Erde und der bewußte Umgang mit der Materie und der Natur uns zum verständnisvollen und bewahrenden Umgang mit der Schöpfung führen kann.

Die SCHWERTER

Die Schwerter symbolisieren das Element Luft, sowie den Intellekt und gedankliche Entscheidungen. Die Schwertkarten zeigen an (unter anderem dadurch, daß sie zweischneidig sind), daß in verschiedenen Lebenssituationen bestimmte Entscheidungen auf uns zukommen, die getroffen werden müssen. Hierbei sind sie Anleitung und Hilfestellung, wie man für sich selbst die richtigen Entscheidungen herausfindet und bestimmte Muster aufdeckt, die im bisherigen Leben möglicherweise bewirkt haben, daß Entscheidungen unbewußt getroffen wurden oder andere für und über unser Leben entschieden haben.

AS der SCHWERTER

Wie bei allen Assen kommt auch hier eine rechte Hand aus einer Wolke und zeigt uns damit eine weitere Ebene unseres Bewußtseins an. In diesem Fall steht das Schwert für den Geist und den Intellekt. Auf seine eigene Art zeigt uns diese Karte auch wieder die Wahlfreiheit an. Das Schwert hat zwei Schneiden und jede Seite steht für eine Entscheidung in eine bestimmte Richtung. Somit kommt zum Hinweis auf die Wahlfreiheit hier noch die Aufforderung hinzu, auch tatsächlich bewußt und aktiv Entscheidungen zu treffen, anstatt passiv und unentschlossen zu sein. Wie wir bei der Karte GERECHTIGKEIT gesehen haben, müssen wir uns ständig entscheiden, wobei die Entscheidung, sich *nicht* zu entscheiden auch eine Entscheidung ist. Wir wählen stets etwas, haben jedoch die Wahl, ob wir bewußt wählen oder die Wahl unserem Unterbewußtsein überlassen und uns dann möglicherweise als Opfer des Schicksals fühlen. Doch nur eine ständige und bewußte Wahl wird uns zur Herrschaft über den Geist führen, wie die Krone andeutet. Das Schwert geht durch die Krone hindurch und durchstößt sie, was bedeutet, daß der klare Geist die wahre Herrschaft über das Leben bringt und sozusagen über der weltlichen Herrschaft steht. Die Berge auf dieser Karte sind in zwei verschiedenen Farben dargestellt und auf beiden Seiten der Krone ist ein Siegeszweig abgebildet. Dies weist uns darauf hin, daß es nicht nur eine richtige Entscheidung gibt, sondern daß wir für uns persönlich Entscheidungen treffen und wählen müssen. Doch es gibt nicht nur eine Wahrheit und eine mögliche und richtige Entscheidung. Jedes Leben ist anders, denn jeder Mensch bringt unterschiedliche Voraussetzungen als Basis mit.

ZWEI der SCHWERTER

Die Frau auf der Karte sitzt auf einer steinernen Bank. Ihre Augen sind verbunden und sie hat dem Wasser den Rücken zugewandt. Ihre Arme sind vor ihrer Brust überkreuzt und halten die zwei Schwerter in entgegengesetzte Richtungen, so wie auch ihre Füße in zwei unterschiedliche Richtungen weisen. Auf der Karte ist es Nacht und über ihr ist der Mond am Himmel zu sehen.

Hier wird eine Frau gezeigt, die sich weigert, Entscheidungen zu treffen. Dies kann bewußt geschehen, ist aber bei den meisten Menschen unbewußt, da sie nicht daran glauben, immer die Wahl zu haben. Sie leben in der Illusion, die (im Tarot) durch den Mond symbolisiert wird, in der Dunkelheit des Unbewußten. Einerseits ist es auf der Karte Nacht und andererseits trägt die Frau eine Augenbinde. Sie will oder kann die Dinge nicht bewußt sehen, und kann daher auch keine bewußte Entscheidung treffen. Ihr Leben wird vom Unterbewußtsein bestimmt, das vom Wasser hinter ihr repräsentiert wird. Das Wasser kann aber zusätzlich bedeuten, daß sie den Zugang zu ihren Gefühlen und ihrem emotionalen Anteil unterbunden hat oder ignoriert, weshalb sie mit dem Rücken zum Wasser gezeigt wird.

Auch die steinerne Bank symbolisiert ihre starre Einstellung, sich nicht entscheiden zu wollen. Sie hat sich in eine selbstgewählte Opferrolle gebracht und fühlt sich nun hilflos und ausgeliefert. Die Karte ist damit Aufforderung zur Erkenntnis, daß wir aufstehen, unsere Augenbinden abnehmen und bewußt Entscheidungen treffen sollen. Die Aufgabe ist, die Illusion der Beschränkung zu erkennen und Verantwortung zu übernehmen.

DREI der SCHWERTER

Wir sehen auf der Karte ein Herz, das von drei Schwertern durchbohrt wird. Darüber sind Wolken abgebildet, aus denen es regnet, und der Hintergrund ist grau. Das durchstoßene Herz steht für emotionalen Schmerz.

Grundsätzlich gibt es drei Gründe, aus denen die Menschen emotional leiden:

1. Sie möchten etwas haben und bekommen es nicht. Das kann ein neues Auto, mehr Geld, eine neue Partnerin, Erfolg im Beruf oder Glück in der Liebe sein.

2. Sie bekommen etwas, daß sie nicht wollen. Das kann ein ungeliebter Job, ein nörgelnder Partner oder auch die eigene Familie sein.

3. Sie haben etwas, daß sie auch wollen, aber haben auch Angst, es wieder zu verlieren. Das kann wertvoller Schmuck, eine sexy Freundin oder die eigene tolle Figur sein.

Wenn wir die Wolken und den Regen einmal nicht auf „schlechtes“ Wetter beziehen, das es übrigens nicht gibt, denn das Wetter ist weder gut noch schlecht, es *ist* einfach, sondern symbolisch für einen Bewußtseinszustand sehen, dann drückt dies aus, daß wir selbst durch unsere negative Bewertung von irgend etwas diese Wolken in unserem Geist schaffen. Sie stehen für all die kleinen und großen Probleme, die wir uns allesamt selbst erschaffen. Nur wir entscheiden, ob wir etwas als Problem definieren oder das, was ist und passiert einfach als das sehen, was es ist, nämlich etwas von uns selbst Erschaffenes, das etwas über uns aussagt, einen Teil von uns widerspiegelt und uns die Aufgabe stellt, es anzusehen, anzunehmen und zu integrieren.

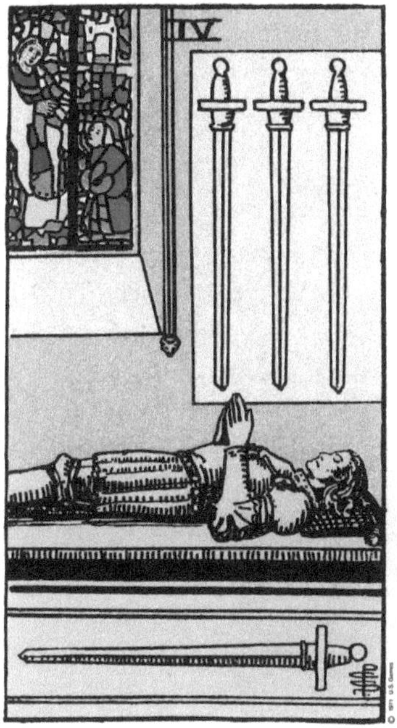

VIER der SCHWERTER

Auf dieser Karte liegt ein Mann mit geschlossenen Augen und gefalteten Händen auf einem Tisch oder Altar. Über ihm hängen drei Schwerter an der Wand und links davon ist ein buntes Kirchenfenster zu sehen. Unter ihm ist ein viertes Schwert abgebildet.

Das Kirchenfenster weist uns auf den geistigen Aspekt der Karte hin. Dadurch wird auch deutlich, daß der Mann mit den gefalteten Händen betet oder meditiert. Die drei Schwerter an der Wand sind entweder schon getroffene Entscheidungen, oder drei Möglichkeiten einer Entscheidung, die es noch zu treffen gilt. Im ersten Fall symbolisiert das vierte Schwert unter ihm seine nächste Entscheidung und im zweiten Fall ist es eine Möglichkeit der Entscheidung, welche zu den drei anderen Optionen hinzukommt. In jedem Fall aber sucht er Rat in seinem Inneren, in der Verbindung zum Unterbewußtsein. Er möchte die Entscheidung nicht vorschnell treffen. Aber er durchdenkt sie nicht nur gründlich, sondern möchte eine Entscheidung treffen, die auf wahrer Erkenntnis beruht und Ausdruck seines Selbst ist. Aus diesem Grund ist auch der untere Teil der Karte in sanftes Licht getaucht, welches das Sonnenlicht repräsentiert. Es wäre wahrscheinlich übertrieben, von Erleuchtung zu sprechen, aber auf jeden Fall zeigt dies, daß er Zugang zu dem Teil seines Unterbewußtseins gefunden hat, den er bei seiner Entscheidung zu Rate ziehen möchte. Die Aufforderung der Karte ist es daher, seine Entscheidung nicht vorschnell und oberflächlich zu treffen, sondern sich zu überlegen, ob eine Entscheidung wirklich das ausdrückt, was das tiefe, innere Anliegen ist.

FÜNF der SCHWERTER

Der Mann im Vordergrund hat zwei Schwerter in seiner linken Hand und hält ein drittes mit der Spitze nach unten in der rechten. Zwei andere Schwerter liegen auf dem Boden. Außerdem sind zwei weitere Menschen zu sehen, die sich beide von dem Mann im Vordergrund abgewendet haben. Einer geht langsam von ihm weg, während der andere im Hintergrund steht und die Hände vor sein Gesicht hält.

Die zwei Schwerter, die der Mann im Vordergrund in seiner linken Hand hält, symbolisieren bereits getroffene und vergangene Entscheidungen. Das Schwert in seiner rechten Hand ist eine gerade erst getroffene Entscheidung. Und durch diese letzte Entscheidung hat er den anderen beiden Personen ihre Schwerter – und damit ihre eigenen Entscheidungen – abgenommen. Den Mann im Hintergrund hat er durch seine Entscheidung verletzt oder gedemütigt und der andere Mann hat sich einfach abgewendet, weil für ihn schon eine Entscheidung getroffen wurde, seine Anwesenheit ist damit nun nicht mehr erforderlich.

Die Kleidung des Mannes im Vordergrund zeigt, daß er unter seinem grünen Oberteil noch rote Kleider anhat. Außerdem sind seine Haare rot, was hier nicht gegen Rothaarige geht, sondern Symbolcharakter hat. Das grüne Oberteil repräsentiert sein scheinbares oder oberflächliches Handeln, er ist entweder davon überzeugt, daß er völlig richtig gehandelt hat und es ist ihm nicht klar, daß er den beiden anderen ihre Entscheidungen abgenommen hat, oder er wollte durch seine Entscheidung bewußt seine Macht ausspielen und die anderen beiden beherrschen, was durch die rote Farbe seiner Haare (Kopf / Geist) und seiner Unterkleidung angezeigt wird. Auf jeden Fall hat er eine disharmonische Situation geschaffen, wie die zerrissenen Wolken am Himmel andeuten. Die Karte fordert uns auf, darüber nachzudenken, ob wir nicht vielleicht dazu neigen, anderen Menschen ihre eigenen Entscheidungen abzunehmen und ihnen unsere eigene aufzuzwingen, denn dadurch können wir andere Menschen möglicherweise verletzen oder demütigen.

SECHS der SCHWERTER

Das Bild zeigt ein Boot, in dem sich ein Mann, eine Frau und ein Kind befinden. Der Mann steht am Heck und stößt das Boot ab, während die Frau und das Kind vor ihm in der Mitte des Bootes sitzen. Vor der Frau sind sechs Schwerter mit der Spitze nach unten zeigend abgebildet. Das Wasser rechts unten auf der Karte kräuselt sich und schlägt Wellen, während das Wasser vor ihnen ruhig und bewegungslos ist.

Da die drei Menschen dem Betrachter der Karte den Rücken zugewendet haben, läßt sich über ihren geistigen Zustand nicht viel sagen. Nur bei der Frau kann man eventuell vermuten, daß ihr abgesenkter Blick und die Tatsache, daß sie ihren Umhang bis über den Kopf gezogen hat, zeigen soll, daß sie niedergeschlagen, traurig oder zumindest nachdenklich ist. Auch kann nicht mit Sicherheit gesagt werden, daß der Mann, der das Boot steuert, ihr Ehemann ist, oder nur der Fährmann.

Der Bereich des Wassers rechts unten auf der Karte ist nicht nur aufgewühlt, weil der Mann dort die Stange ins Wasser hält, sondern zeigt die bisherigen Geschehnisse oder die Vergangenheit an. Das Wasser im oberen Teil der Karte steht für die künftigen Ereignisse oder die Zukunft. Und dort hat sich noch nichts ereignet, daher ist das Wasser noch ruhig. Die Schwerter vor der Frau und dem Kind weisen uns darauf hin, daß bestimmte Dinge vor ihnen liegen und Entscheidungen getroffen werden müssen. Hierbei stehen die beiden linken Schwerter, die etwas abseits von den anderen vier stehen, für das Kind und die Frau selbst, während die anderen vier für bestimmte Lebensbereiche stehen. Dies können berufliche, partnerschaftliche, finanzielle oder sonstige Dinge sein. Die Karte fordert einerseits dazu auf, die früheren Ereignisse, die das Leben vielleicht aufgewühlt haben, loszulassen, sich nicht nach ihnen umzudrehen und sich durch sie nicht bei den neuen und zukünftigen Entscheidungen leiten, ablenken oder beeinflussen zu lassen. Andererseits stellt sich die Aufgabe, der Zukunft durch die nun anstehenden Entscheidungen ihre eigene Realität und Berechtigung zu geben. Man beachte, daß das Land und die Bäume am gegenüberliegenden Ufer noch keine Farbe aufweisen (auch auf der farbigen Karte). Erst durch die Entscheidungen, die noch getroffen werden, wenn das andere Ufer erreicht ist, bekommt das Leben dort die Bedeutung, welche ihr durch bestimmte Entscheidungen gegeben werden. Das bedeutet, daß wir unserem Leben in jedem Moment die Farbe verleihen. Wir haben es in der Hand, ob unser Leben grau oder bunt ist, grell oder pastellfarben. Es liegt nur an uns. Auch wird hier dargelegt, daß wir jederzeit die Vergangenheit ruhen lassen können und zu neuen Ufern aufbrechen können. Wir können an jedem Punkt des Lebens das Ruder herumreißen und die Richtung wechseln, in der wir im Leben voranschreiten wollen.

SIEBEN der SCHWERTER

Der Mann auf der Karte trägt fünf Schwerter, drei davon über seiner linken Schulter, die anderen zwei über die rechte. Hinter ihm stehen zwei weitere Schwerter aufrecht mit der Spitze nach unten. Er sieht über seine linke Schulter, geht aber in die entgegengesetzte Richtung. Hinter ihm ist auf der rechten Seite ein Zeltlager zu erkennen. Auf der linken Seite sitzen mehrere Leute zusammen, über denen eine Wolke zu sehen ist.

Die zwei Schwerter hinter ihm stehen für Entscheidungen, die er in der Vergangenheit getroffen hat. Die Schwerter, die er trägt, sind Entscheidungen, die noch zu treffen sind. Er blickt in die Richtung, aus der er kommt, das heißt er schaut in die Vergangenheit. Gleichzeitig geht er aber in die andere Richtung, also in die Zukunft. Das soll uns zeigen, daß er die gedanklichen Muster, die seine Entscheidungen in der Vergangenheit geprägt haben, auf gegenwärtige oder zukünftige Situationen anwendet. Die Schwerter über seiner linken Schulter weisen darauf hin, daß er sich durch diese Entscheidungsmuster selbst getroffen bzw. geschnitten hat, da er die Schneiden der Schwerter mit seiner Hand festhält. Wenn er nun seine alten, unbewußten Denkmuster nicht ändert und sie weiterhin auf andere Situationen des Lebens überträgt, wird er sich wieder schneiden, wie die zwei Schwerter zeigen, die er mit seiner rechten Hand trägt.

Die Leute, die im Hintergrund links sitzen, repräsentieren seine verschiedenen Möglichkeiten der Entscheidung. Sie stehen stellvertretend für den Disput, der sich in seinem Inneren abspielt. Die Wolke über ihnen kann einerseits für Probleme, dicke Luft oder vernebelte Sicht stehen, oder andererseits daraus entstanden sein, daß dort ein Feuer brennt, welches wie sein roter Hut und die roten Schuhe den inneren Transformationsprozeß anzeigt. Der Hut steht für die

Transformation des gedanklichen Musters, das er sich bewußt machen und gegebenenfalls ändern soll, und die Schuhe dafür, daß er diese Muster auch entsprechend in die Tat bzw. in die Materie umsetzen soll. Doch da er auf Zehenspitzen geht, sehen wir auch, daß er nicht ausreichend geerdet ist, das heißt er hat keine solide Grundlage für seine Entscheidungen. Genau wie die Leute hinter ihm ein Lager errichtet haben und nun über ihre weiteren Entscheidungen diskutieren, sollte auch er sich eine innere Grundlage verschaffen und sich über seine Situation klar werden.

Die Karte fordert uns auf, zu überprüfen, inwieweit wir Entscheidungen aufgrund von unbewußten Gedankenmustern treffen, die wir uns in der Vergangenheit angeeignet haben. Zugleich weist sie darauf hin, daß wir erst einmal herausfinden sollten, was wir wollen und was unsere wahren Ziele und Beweggründe sind. Das erfordert einen inneren Rückzug, um die Antworten in sich zu finden, auf deren Grundlage wir dann weiter handeln sollen.

Die Szene auf der Karte zeigt den Mann als hinterhältig und unehrlich an, er stiehlt die Schwerter. Doch da die Tarotkarten immer innere Situationen und innere Muster darstellen, ist hiermit gemeint, daß er sich selbst betrügt oder belügt. Eine weitere Aufforderung der Karte ist demnach, daß wir erkennen sollen, daß wir uns vielleicht in der Vergangenheit selbst etwas vorgemacht haben oder immer noch vormachen. Eine bewußte Änderung kann nur erreicht werden, wenn wir dies erkennen und ehrlich uns selbst gegenüber sind. Nur wenn wir uns unsere Verhaltenmuster ehrlich ansehen, ist eine bewußte Änderung möglich.

ACHT der SCHWERTER

Auf dieser Karte sehen wir eine Frau mit einem roten Kleid. Sie ist gefesselt und trägt eine Augenbinde. Im Hintergrund ist eine Burg zu erkennen und direkt hinter ihr stehen sieben Schwerter. Ein achtes Schwert befindet sich unmittelbar vor ihr. Sie selbst steht in schlammiger Erde und Pfützen. Die Burg im Hintergrund steht für ihre Herkunft, ihre Familie, ihre Erziehung und ihre Vergangenheit. Dort ist sie geprägt worden. Die Schwerter hinter ihr zeigen, daß dort andere für sie Entscheidungen getroffen haben. Sie hat bewußt oder unbewußt die Entscheidungen über ihr Leben anderen überlassen und ihre Macht abgegeben. Die Fesseln über dem roten Kleid symbolisieren die Unfähigkeit zu handeln, die Einschränkung und die Machtlosigkeit. Doch diese Machtlosigkeit ist selbst gewählt. Andere Menschen haben nur so lange Macht über uns und unser Leben, wie wir ihnen die Macht dazu geben. Dieses Muster findet zwar meist unbewußt statt, jedoch möchte ich darauf hinweisen, daß es in einem solchen Fall nichts bringt, das ganze exoterisch zu sehen und die Schuld bei den anderen Menschen zu suchen. Wir können unsere Macht an andere abgeben, und ebenso können wir sie auch wieder einfordern.

Die Aufgabe der Karte ist es somit, die Augenbinde abzunehmen und zu erkennen, daß die Machtlosigkeit der eigenen Wahl entspringt. Des weiteren weist sie uns darauf hin, die Verantwortung für unser Leben wieder selbst zu übernehmen, die Fesseln abzustreifen und uns aus dem Gefängnis der Hilflosigkeit zu befreien. Erst dann ist es möglich, selbstbestimmte und eigene Entscheidungen für unser Leben zu treffen, was durch das einzelne Schwert im Vordergrund links symbolisiert wird. Wenn die Frau auf der Karte dies tut, wird sie erkennen, daß sie die ganze Zeit über auf dem schlammigen und unsicheren Boden der Abhängigkeit gestanden hat. Nun wird es ihr möglich, sich wieder auf festen Boden zu begeben und selbst die Grundlage für ihre Entscheidungen zu schaffen.

NEUN der SCHWERTER

Ein Mann in einem weißen Schlafgewand sitzt aufrecht in seinem Bett und hält sich die Hände vor sein Gesicht. Von der Hüfte abwärts ist er mit einer Decke zugedeckt, auf der rote Rosen und astrologische Symbole zu sehen sind. Unten links auf dem Bett ist eine Szene abgebildet, in der ein Mensch einen anderen mit einem Schwert bedroht. Der Hintergrund ist schwarz und zeigt neun Schwerter, die nach rechts weisen. Eine düstere Szenerie, die uns zeigt, wieviel Kummer, Schmerz und Angst diesen Mann bewegt. Doch er hat es selbst so gewählt. Er trägt keine Augenbinde, wie die Frau auf der vorigen Karte, sondern hält sich die Hände bewußt vor sein Gesicht, weil er nicht sehen will. Alle neun Schwerter weisen ihm die Richtung, in welche er blicken soll, nämlich geradeaus und nach vorne. Er soll den Dingen ins Auge blicken, sich seinen Ängsten stellen und Entscheidungen treffen. Doch davor fürchtet er sich ebenso wie die Person in der Szene am Bett, die links unten am Boden sitzt und sich bedroht und hilflos fühlt. Und in seiner gewählten Machtlosigkeit und in seiner Angst sieht er nicht die Decke vor ihm, auf welcher durch die roten Rosen und die astrologischen Symbole dargestellt wird, daß Liebe und die Berücksichtigung der geistigen Gesetze sein Ausweg sind. Auch sind seine Beine durch die Decke darüber nicht zu sehen. Es gibt kein Vorwärtskommen und keine Aktivität.

Die Szene als Ganzes zeigt einen stark unbewußten Geisteszustand. Die Tatsache, daß der Mann in einem Bett dargestellt ist, soll darauf hinweisen, daß er eigentlich schläft. Die großen Mystiker und Meister der Geschichte haben den Menschen stets gesagt, daß sie erwachen sollen, weil sie wußten, daß die meisten Menschen in der Illusion der Machtlosigkeit leben und die eigene Macht und Verantwortung nicht erkennen.

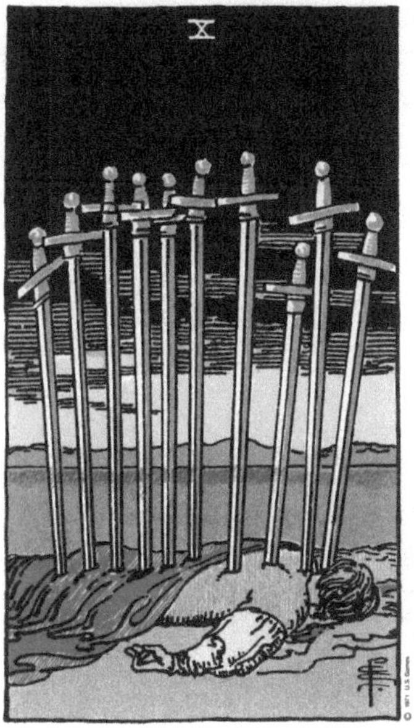

ZEHN der SCHWERTER

Auf dieser Karte liegt ein Mann auf dem Boden und wird von zehn Schwertern durchbohrt. Seine eigenen Entscheidungen haben ihn nicht nur machtlos, sondern ohnmächtig gemacht. Er hat viel Blut, und somit Kraft und Lebensenergie verloren. Er ist am tiefsten Punkt angekommen und hat aufgegeben.

Wir alle haben stets die Wahl, ob wir unsere Aufgaben leicht oder lieber auf die harte Tour lernen wollen. Und manchmal muß ein Mensch erst völlig am Boden zerstört sein, bevor er endlich losläßt und keinen Widerstand mehr gegen das Leben leistet. Und genau an diesem Punkt, an dem wir glauben, daß nun alles vorbei ist, stellen wir oftmals fest, daß es unser eigener Widerstand und unsere unbewußte und begrenzte Sichtweise war, die uns hat leiden lassen. Dieser Punkt ist oft verbunden mit einer tiefen Erkenntnis und Katharsis. Nur die begrenzte Sicht und der Weg durchs tiefste Dunkel hat es zeitweise hoffnungslos aussehen lassen. Und jetzt, da der Widerstand aufgegeben ist, kommt das Licht wieder zum Vorschein. Nicht nur ein neuer Tag bricht auf der Karte an, sondern ein neues Leben, eine neue Sichtweise der Dinge. Die Berge, welche die Verbindung zum Geistigen anzeigen, werden wieder sichtbar. Sie waren die ganze Zeit da, nur überdeckt vom Dunkel des Unterbewußtseins. Doch nun ist die Krisis überstanden und die Genesung des Bewußtseins eingeleitet. Das Licht kehrt nun ins Leben ein.

BUBE der SCHWERTER

Wir sehen einen jungen Mann, der auf einem Hügel steht. Er hält sein Schwert mit beiden Händen zu seiner Linken nach oben, schaut jedoch in die andere Richtung. Sein linker Fuß steht fest auf der Erde, während sein rechter nur mit den Zehenspitzen den Boden berührt. Beide Füße sind mit roten Stiefeln bekleidet. Hinter ihm sind Wolken verschiedener Größe und Form, sowie zehn Vögel in der Luft zu sehen. Im rechten unteren Bereich der Karte sind Berge dargestellt und links unten sind zwei Bäume zu sehen.

Die Wolken am Himmel repräsentieren die Gedanken des jungen Mannes. Es sind viele verschiedene und noch ungeordnete Gedanken, die ihm durch den Kopf gehen. Die zehn Vögel am Himmel stehen für die zehn Schwertkarten und symbolisieren die verschiedenen Möglichkeiten der Entscheidung, die ihm offenstehen. Er steht mit seinem linken Fuß fest auf der Erde und hält sein Schwert links von sich mit beiden Händen. Sein Instinkt zieht ihn in diese Richtung, in welcher sich auch die Berge befinden, das heißt innerlich weiß er eigentlich, welche Entscheidungen er treffen soll oder auch möchte. Er blickt jedoch in die Richtung, aus welcher der Wind weht, wie die Bäume anzeigen. Er wird sozusagen ständig durch neue Ideen und Gedanken abgelenkt. Die große Wolke direkt neben seinem Kopf steht für einen großen, neuen Gedanken, der ihm gekommen ist, jedoch zeigt seine Haltung, daß er zögerlich ist, ob er ihm folgen soll. Sein rechter Fuß hat nur leichten Bodenkontakt. Er ist sich noch nicht sicher, wie er sich entscheiden soll.

Der Mann repräsentiert einen unsicheren und zögerlichen Menschen, der sich leicht ablenken läßt. Er ist grundsätzlich für neue Gedanken offen und ist neugierig, hat aber auch eine gewisse Ängstlichkeit gegenüber dem, was er nicht kennt und ihm nicht vertraut ist. Der Hügel unter ihm zeigt, daß er nicht gefestigt, sondern eher wankelmütig ist, da die Struktur des Bodens aufgerissen und zerfurcht ist.

Die Aufgabe der Karte ist es, sich erst einmal über die eigenen Gedanken und Vorstellungen Klarheit, und somit eine gedankliche Basis zu verschaffen, von der aus Entscheidungen getroffen werden können. Die dann getroffenen Entscheidungen sollten nicht halbherzig sein, wie der Mann auf der Karte, sondern Entschlossenheit und Geradlinigkeit aufweisen.

RITTER der SCHWERTER

Die Zögerlichkeit und Unentschlossenheit des Buben haben sich beim Ritter der Schwerter ins Gegenteil gekehrt. Seine Haltung zeigt deutlich, daß er sich für eine bestimmte Richtung entschlossen hat und nun in dieser vorwärtsstürmt.

Das Schwert in seiner hoch erhobenen rechten Hand, die rote Farbe seiner Kleidung und das Pferd geben Auskunft über seine aktiven Entscheidungen. Er hält die Zügel seines Lebens in der Hand. Sowohl die Schmetterlinge als Symbol der Metamorphose, die sein Pferd schmücken, als auch die Erde unter ihm zeigen an, daß er bereit ist, Neuland zu betreten und sich mit neuen Gedanken auseinanderzusetzen. Die Bäume, die hier wieder die Richtung anzeigen, aus welcher der Wind kommt, unterstützen die Aussage über seine Entschlossenheit, unerforschtes Gebiet zu betreten, jedoch zeigen sie auch an, daß der Ritter gegen den Wind reitet und damit möglicherweise auch auf Widerstand treffen wird. Die Form der Wolken am Himmel zeigt seine gedankliche Zerrissenheit und erinnert an die Fünf der Schwerter, wie auch die fünf Vögel andeuten. Es besteht die Gefahr, daß er seinen Intellekt und seine eigenen Gedanken über alles andere stellt. Damit wäre er nicht mehr offen für Neues, sondern würde anderen Menschen einfach seine Gedanken und Entscheidungen aufzwingen, weil er sie für das Maß der Dinge hält.

Die Karte fordert uns auf, entschlossen und nicht halbherzig zu sein, warnt jedoch auch davor, einseitig und übermütig zu entscheiden. Wir sollen nicht zögerlich sein und zu einer einmal getroffenen Entscheidung auch stehen, aber das blinde Vorpreschen in eine bestimmte gedankliche Richtung könnte auch zu Fanatismus und einem Tunnelblick führen.

KÖNIG der SCHWERTER

Der König der Schwerter sitzt auf einem hohen Thron und hält sein Schwert etwas nach rechts geneigt in der rechten Hand. Sein Gewand hat die Farbe des Himmels. Darüber trägt er noch einen Umhang, und sein Kopf wird unter der Krone von einer Art Kapuze bedeckt. Links und rechts hinter ihm sind Bäume und Wolken zu sehen und im rechten oberen Bereich der Karte sieht man eine einzelne Wolke und zwei Vögel.

Es fällt auf, daß der König mit dem Rücken zur Szenerie der Landschaft sitzt und sein Thron außergewöhnlich hoch ist. Dies soll uns anzeigen, daß er im Extremfall keine Gedanken außer seinen eigenen gelten läßt und sich von fremdem Gedankengut abwendet. Auch bekommt man den Eindruck, als ob der König auf seinem Thron das Bild in zwei Hälften zerteilt. Das zu seiner rechten geneigte Schwert bedeutet, daß seine Entscheidungen einseitig sind und ausschließlich auf seinen persönlichen Vorlieben und Maßstäben beruhen. Er unterteilt das Leben sowie verschiedene Gedanken in „gut“ und „schlecht“, wie uns auch die zwei Vögel zeigen, die sein polares

Denken symbolisieren. Er schirmt sein Gedankengut von der Umwelt ab, wie sein Umhang und die Kapuze verdeutlichen. Er trifft Entscheidungen, die auf starren Richtlinien beruhen. Die Schmetterlinge sind auf dieser Karte versteinert in seinem Thron dargestellt und der obere ist außerdem von zwei Mondsicheln eingeschlossen. Sein starres Denken läßt keine Metamorphose des Geistes zu.

Die Karte soll uns darauf hinweisen, daß wir unsere Gedanken und Vorstellungen nicht über diejenigen anderer Menschen setzen sollen. Wir sollen einen offenen Geist bewahren und nicht bewerten oder verurteilen. Auch warnt die Karte vor geistiger Starrheit und Überheblichkeit, wenn man seine eigene Meinung für die einzig richtige hält und keine anderen gelten läßt.

KÖNIGIN der SCHWERTER

Die Königin der Schwerter sitzt nicht mit dem Rücken zum Bild, sondern mit ihrer linken Seite, was uns zeigt, daß sie gefühlsmäßig offen ist für neues oder fremdes Gedankengut. Auch die Geste ihrer linken Hand mit der Handfläche nach oben deutet auf Offenheit und Aufgeschlossenheit hin. Sie hält ihr Schwert gerade, das heißt ihre Entscheidungen sind nicht einseitig, sondern wohlüberlegt. Sie unterteilt nicht in „gute" oder" schlechte" Gedanken und trennt sich auch gedanklich nicht vom Gedankengut anderer Menschen ab, was uns dadurch verdeutlicht wird, daß auf der Karte nur ein Vogel zu sehen ist.

Auf ihrem Gewand sind, im Gegensatz zum dem, das der König der Schwerter trägt, auch Wolken abgebildet, die anzeigen, daß ihr Geist dynamisch und im Fluß ist. Dies wird unterstützt durch ihre Krone, die aus Schmetterlingen besteht. Zwar sind auf ihrem Thron auch Schmetterlinge abgebildet, jedoch sind die beiden Mondsicheln in diesem Fall nach außen hin geöffnet und darüber ist ein Engel zu sehen, wodurch ihr Bezug zum Geistigen verdeutlicht wird.

Die Karte fordert uns also auf, einen offenen Geist zu bewahren und unsere Verbindung zum eigenen Unterbewußtsein und zur Natur nicht durch einseitiges oder starres Denken zu unterbrechen. Unsere Entscheidungen sollen wohlüberlegt sein, aber nicht ausschließlich auf dem Intellekt beruhen, sondern unsere Intuition miteinbeziehen. Wir sollen erkennen, daß die Bewertung eines Gedankens lediglich vom Standpunkt des Betrachters und dessen Perspektive abhängt. Daher ist es wichtig, daß wir unsere Gedanken und Entscheidungen nicht für wertvoller oder besser halten, als die anderer Menschen. Über einen fähigen Intellekt zu verfügen heißt wissend zu sein. Aber das Wissen angemessen und verantwortungsbewußt einzusetzen und somit Entscheidungen zu treffen, die zum Wohle aller sind, heißt weise zu sein.

Die STÄBE

Die Stäbe repräsentieren das Element Feuer, das heißt Aktivität, Aggression, Sexualität und somit aktives Handeln. Die Stabkarten geben uns Hinweise und Hilfestellung bezüglich unserer Handlungen. Sie sagen uns, wann wir handeln bzw. nicht handeln sollen und wie wir handeln sollen. Handlung ist in die Tat umgesetzte Energie. Und die Stäbe fordern uns auf, unsere Energie sinnvoll in die Tat umzusetzen, um uns nicht selbst im Weg zu stehen oder zu erreichen, daß die Energie destruktiv auf uns zurückfällt.

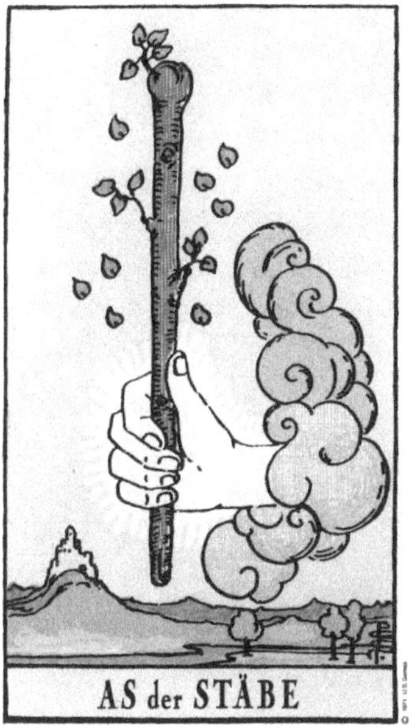

AS der STÄBE

Bei dieser As-Karte reicht uns die Hand einen Stab aus der Wolke. Der Stab repräsentiert das Element Feuer und steht für aktive Handlung und Energie. Im unteren Bereich der Karte sehen wir eine grüne Landschaft, durch die sich harmonisch ein Fluß schlängelt und die von Bergen umgeben ist. Auch das abgebildete Schloß befindet sich auf einem Berg und zeigt uns, daß dieses Land bewußt und weise verwaltet und regiert wird. Doch jedwede Verwaltung oder Regierung beinhaltet auch Verantwortung. Aus dem Stab auf der Karte sprießen neue Triebe, und Blätter fallen herunter, wodurch wir daran erinnert werden, daß wir für unsere Handlungen die Verantwortung übernehmen und die Konsequenzen tragen müssen. Was immer wir tun, hat Auswirkungen auf unsere Umwelt, aber auch auf unser eigenes Leben. Die Aufforderung der Karte ist es also, die uns zur Verfügung stehende Energie weise, sinnvoll und ökonomisch zu nutzen und verantwortungsbewußt zu handeln. Wenn wir ein guter Verwalter unserer Energie sind, werden auch wir aufblühen und unsere Handlungen werden neue Triebe und positive Ergebnisse hervorbringen.

Da der Stab als feuriges Element auch die Mars-Energie beinhaltet, bedeutet dies, daß wir auch mit unserer aggressiven und sexuellen Energie sinnvoll umgehen sollen und auch hier die Verantwortung für unser Handeln übernehmen müssen. Es gibt Auslegungen des Tarot, in denen jeder Stab direkt als Phallussymbol interpretiert wird und stets etwas mit Sexualität zu tun hat, jedoch erscheint mir dies zu einseitig und zu sehr mit dem Verständnis eines Freudianers gedeutet.

ZWEI der STÄBE

Hier sehen wir einen Mann auf einem Turm einer Burg oder eines Schlosses stehen und auf die Berge und das Wasser herabblicken. Ein Stab steht hinter ihm und einen zweiten hält er in seiner linken Hand. Mit der rechten Hand hält er eine kleine Weltkugel in die Höhe. Seine Kleidung ist in erdigen Brauntönen gehalten und seine Kopfbedeckung ist rot. Auf der Innenseite der Burgmauer sind links unten jeweils zwei rote Rosen und weiße Lilien zu sehen.

Der steinerne Turm, auf dem der Mann steht, sowie seine erdige Kleidung weisen uns darauf hin, daß er auf solidem und sicherem Boden steht, aber auch, daß er sich einen erhöhten und möglichst objektiven Standpunkt gewählt hat. Beachten Sie, daß der Stab hinter ihm an der Mauer befestigt ist, was zeigt, daß dieser die investierte Energie und die damit *verbundene* Verantwortung repräsentiert, die aus seinen vorangegangenen Handlungen erwachsen ist. Seine Mütze ist rot, was anzeigt, daß sein Geist und sein Denken aktiv sind. Es hat aber noch keine Handlung stattgefunden, er hält den zweiten Stab in der linken Hand. Er wägt seine

Intuition gegenüber seinem logisch intellektuellen Weltbild und seinen geistigen Vorstellungen ab, die durch die Weltkugel in seiner rechten Hand symbolisiert werden.

Weiterhin gilt zu beachten, daß der Stab in seiner linken auf dem Stein ruht, auf dem die Rosen und Lilien dargestellt sind. Seine Intuition sagt ihm, daß seine weiteren Handlungen von Liebe und Klarheit geprägt und bestimmt sein sollen.

Die Aufgabe der Karte ist es also, klar und logisch zu durchdenken was man erreichen möchte, bevor man seine Energie aktiv in Handlung umsetzt. Dabei ist es sehr wichtig, daß die getroffenen Entscheidungen nicht ausschließlich auf intellektueller Basis getroffen werden, sondern die Konsequenzen der Handlung bedacht werden und die Stimme der Intuition miteinbezogen wird.

DREI der STÄBE

Der Mann auf dieser Karte steht auf einem Hügel und blickt aufs Wasser hinab, wo mehrere Schiffe abgelegt haben. Zwei Stäbe stehen hinter ihm und einen dritten hält er in der rechten Hand. Er trägt einen roten Umhang, über seine linke Schulter ist ein grünes Tuch geworfen und sein rechter Arm deutet auf die blaue Kleidung unter dem Umhang hin. Da Blau den Intellekt und das Element Luft repräsentiert, wird uns gezeigt, daß der intellektuell gedankliche Vorgang abgeschlossen und die Energie in Handlung umgesetzt worden ist, da er den Stab nun auch in der rechten, aktiven Hand hält. Außerdem ist die rote Kleidung über die blaue gelegt worden, die Handlung hat das Denken überlagert bzw. ist aus ihm hervorgegangen. Das grüne Tuch liegt über der linken Schulter, der intuitiven und gefühlsmäßigen Seite. Grün steht einerseits für Natürlichkeit und Heilung, und ist andererseits die Komplementärfarbe von Rot. Damit wird gezeigt, daß diese Seite nunmehr ausgeglichen ist. Man könnte auch sagen, daß der Intuition Genüge getan wurde, indem sie auf natürliche Weise in die Entscheidung zu Handeln miteinbezogen wurde. Somit ist für den Moment ein Zustand des Ganz- oder Heil-Seins erreicht worden. Der Mann steht zudem auf einem Hügel und nicht mehr auf der Burgmauer. Das heißt, er hat die Sicherheit verlassen, um seine Entscheidung zu treffen. Die Schiffe repräsentieren die Auswirkungen seiner Entscheidung und seines Handelns. Sie sind die Samen, welche er gesät hat, und er muß nun darauf vertrauen, daß sie Früchte tragen werden. Sie haben den Heimathafen verlassen und er muß sie nun gedanklich und gefühlsmäßig loslassen. Er hat seinen Teil getan. Jetzt noch mit der getroffenen Entscheidung zu hadern wäre Zeit- und Energieverschwendung.

Die Aufgabe der Karte ist es, gedankliche Energie auch in Handlung umzusetzen, nachdem eine Entscheidung gründlich durchdacht und intuitiv abgewogen wurde. Wir sollen nicht zögerlich oder halbherzig sein, sondern Konsequenz zeigen und auf unsere Handlungen vertrauen.

VIER der STÄBE

Auf dieser Karte stehen rechts und links im Vordergrund jeweils zwei Stäbe, die mit einer Girlande voller Rosen und Wein verbunden sind. Im Hintergrund ist eine Burg zu sehen, im linken unteren Bereich sind mehrere Personen abgebildet und im rechten unteren Bereich befindet sich eine Brücke. In der Mitte der Karte kann man durch die Stäbe hindurch zwei Menschen erkennen, die Blumen über ihren Köpfen schwenken und sich zu freuen scheinen. Beide Personen tragen ein weißes Gewand. Die linke Person hat eine Art blaue Tunika übergeworfen, und die rechte Person eine rote.

Die beiden abgebildeten Personen sind keine realen Personen, sondern repräsentieren die beiden inneren Seiten oder Pole einer Person. Sie sind wie Yin und Yang, das weibliche und das männliche Prinzip. Die blaue Tunika steht für den intellektuellen, gedanklichen und inneren Teil, während die rote Tunika den ausführenden, handelnden und aktiven Teil darstellt. Auf dieser Karte gehen beide Teile Hand in Hand, ergänzen sich zu einer Einheit und bringen damit Erfolg und Harmonie ins Leben.

Die vier Stäbe stehen für das gleiche Prinzip, zwei stehen rechts und zwei links. Durch eine harmonische Verbindung der Kräfte und Fähigkeiten entstehen Fruchtbarkeit und Einheit, symbolisiert durch den Wein und die Rosen in der Girlande, mit der die Stäbe verbunden sind. Die Burg im Hintergrund steht stellvertretend für alle traditionellen, gefestigten und sicheren Prinzipien, aus denen die neue innere und geistige Verbindung einerseits hervorgegangen ist, die aber andererseits auch abgelegt wurden, damit etwas Neues überhaupt entstehen konnte. Die Brücke ist von Sträuchern überwuchert, was uns zeigt, daß keine Verbindung mehr zu den früheren Ansichten und Prinzipien besteht.

Die Leute links unten im Bild sind die verschiedenen gedanklichen Einflüsse, Meinungen und Vorgehensweisen, die vorher in Betracht gezogen wurden, nun aber nur noch ganz klein im Hintergrund existieren.

Die Karte weist uns also darauf hin, daß wir nicht immer nur bekannte Wege gehen sollen, sondern das Vertraute und Bekannte auch zeitweise hinter uns lassen und das Leben aus einer ganz neuen Perspektive sehen müssen, wenn wir wirklich wachsen und uns weiterentwickeln wollen. Dabei ist es wichtig, nicht halbherzig zu handeln oder sich Hintertüren offen zu lassen, um jederzeit wieder in die gewohnte Sicherheit zurückkehren zu können. Im Gegenteil erfordert die Entscheidung, völlig neue Wege zu gehen sehr viel Mut und Entschlossenheit. Doch wenn wir darauf vertrauen, daß unsere Handlungen von Erfolg gekrönt sein werden und wir gleichzeitig eine harmonische Verbindung unserer inneren Kräfte und Fähigkeiten eingehen, werden wir etwas völlig Neues und Wunderbares erreichen können. Wer nicht wagt, der nicht gewinnt, heißt es so schön. Lassen Sie sich daher auf ihrem Weg nicht beirren und schauen Sie nicht nach hinten, sondern erschaffen Sie sich Ihre eigene Vision des Lebens.

FÜNF der STÄBE

Hier sehen wir fünf Menschen, von denen jeder einen Stab in den Händen hält. Doch alle halten ihren Stab auf eine andere Art und Weise; drei der Personen halten ihn mit der rechten Hand, die beiden anderen mit beiden Händen und alle halten den Stab in eine andere Richtung. Außerdem fällt auf, daß auch die Blickrichtungen der abgebildeten Männer völlig verschieden sind. Zudem blickt nur einer auf seinen Stab, während alle anderen irgendwo anders hinsehen. Als letztes kann man erkennen, daß alle Personen nicht nur unterschiedlich, sondern ziemlich willkürlich bunt und verschieden gekleidet sind.

Diese Karte zeigt uns, was passiert, wenn keine innere Einheit, Entschlossenheit und Zielstrebigkeit im Inneren einer Person herrscht. Es entsteht ein inneres Chaos, die Energie wird gleichzeitig auf viele verschiedene Dinge, Handlungen und Möglichkeiten aufgeteilt. Da sich die teilweise gegensätzlichen und sehr unterschiedlichen Energien entweder gegenseitig aufheben oder irgendwo verpuffen, kann man hier von einem geistigen Stillstand oder einer verfahrenen Situation sprechen. Die Person weiß entweder nicht, was sie will, oder sie will alles auf einmal. Doch beides führt zu einer Vergeudung der Energie. Den Energiehaushalt dieser Person kann man mit einem Dampfrohr vergleichen, das überall Risse und Lecks hat; der Dampf kommt gar nicht bis zum Ende des Rohrs, da die Energie vorher schon verbraucht ist. Und genau so wird die entsprechende Person keinerlei Ergebnisse oder gar Erfolge aus ihren Handlungen erzielen.

Die Karte fordert uns auf, darüber nachzudenken, auf welche Art und Weise wir mit unserer Energie umgehen. Wir sollen herausfinden, ob wir uns nicht möglicherweise selbst im Weg stehen, indem wir unsere Energie nur halbherzig in Handlungen umsetzen oder gleichzeitig in verschiedene Richtungen handeln und dadurch jegliche Ergebnisse zunichte machen.

SECHS der STÄBE

Die SECHS der STÄBE zeigt einen Reiter auf einem weißen Pferd, über das ein grünes Tuch geworfen ist. Der Reiter selbst trägt einen roten Umhang und einen Lorbeerkranz auf seinem Haupt. Ein weiterer Kranz ist an der Spitze seines Stabes angebracht, den er mit der rechten Hand empor hält. Im Hintergrund befinden sich weitere Reiter, deren Stäbe auch gerade nach oben zeigen.

Dieser Reiter hat sein Leben in die Hand genommen und entschlossen gehandelt, wie sein roter Umhang und der Stab in der rechten Hand zeigen. Das weiße Pferd mit dem grünen Tuch zeigt uns, daß seine Handlungen aus Klarheit und Natürlichkeit erwachsen sind, er hat weder gegen seinen Willen, noch gegen seine Intuition gehandelt, sondern hat beide Teile vereint und im Einklang gehandelt. Auch hat er alle seine Energie auf ein Ziel ausgerichtet und entschlossen und zielstrebig gehandelt, alle Stäbe weisen in die gleiche Richtung. Aus diesem Grund ist er mit einem Kranz auf seinem Haupt und einem zweiten an seinem Stab dargestellt. Der Lorbeerkranz ist das Symbol des Siegers. Und jeder Sieger vereint in sich die Fähigkeiten, sich ein genau definiertes Ziel zu setzen, entschlossen und geradlinig darauf hinzuarbeiten und seine gesamte Energie nur diesem einen Ziel zu widmen. Das haben alle Sieger gemeinsam, egal ob es sich um Sportler, Schriftsteller, Künstler oder Manager handelt. Sie wissen, daß sie ihr Ziel erreichen werden, egal, was andere Leute dazu sagen oder ob man ihnen Hindernisse in den Weg legt. Sie lassen sich durch nichts beirren und haben einen unerschütterlichen Glauben an ihren Erfolg. Und dies befähigt sie dazu, wahrhaft Großes und Überragendes zu leisten. Sie haben erkannt, daß jeder Mensch für sein eigenes Leben verantwortlich ist und jeder sein eigenes Schicksal erschafft. Daher haben sie die Verantwortung für sich akzeptiert und ihr Leben in die Hand genommen. Ein Sieger weiß, daß jeder seines eigenen Glückes Schmied ist und daß einem das Glück nicht von alleine in den Schoß fällt, sondern zu denen kommt, die keine Sklaven des Schicksals mehr sein möchten, sondern Meister.

SIEBEN der STÄBE

Auf dieser Karte ist ein Mann zu sehen, der auf einem kleinen Hügel steht und seinen Stab mit beiden Händen festhält, um sechs andere Stäbe abzuwehren, die von unterhalb des Hügels auf ihn gerichtet sind. Seine Standposition ist stabil, er steht fest mit beiden Füßen auf dem Boden und sein Gesichtsausdruck zeigt Entschlossenheit an. Außerdem trägt er ein grünes Gewand.

Die Situation zeigt, daß diesem Mann Widerstand entgegengesetzt wird. Er hat sich jedoch dazu entschlossen, diesem Widerstand nicht nachzugeben, sondern für seinen Standpunkt einzutreten und notfalls auch dafür zu kämpfen.

Die sechs Stäbe, die von unten auf ihn gerichtet sind und seiner Überzeugung gegenüberstehen, sind nicht notwendigerweise Menschen, die anderer Meinung sind, sondern sie repräsentieren Situationen und Kräfte des Lebens, die diesem Mann auf seinem Weg begegnen.

Die Aufgabe der Karte ist es, sich zu entscheiden, ob man für sich und seine Überzeugungen eintritt, auch wenn man dadurch eventuell Schwierigkeiten oder Probleme bekommen könnte. Es gilt, herauszufinden, ob es sich lohnt, den eigenen Standpunkt zu verteidigen, obwohl andere Menschen oder das Leben scheinbar anderer Meinung sind, oder sich dem Druck von außen nicht zu widersetzen und nachzugeben.

Der Mann auf der Karte trägt ein grünes Gewand, was bedeutet, daß er es für natürlich hält, nicht von seinem Standpunkt abzuweichen, obwohl er damit alleine ist. Und so muß jeder von uns in sein Inneres sehen und herausfinden, was sich in den verschiedenen Situationen des Lebens natürlich anfühlt. Wenn uns unser Gefühl eindeutig sagt, daß unser Standpunkt für uns selbst der richtige ist und wir sicher sind, daß es nicht die Stimme des Egos ist, die zu uns spricht, sollte es uns egal sein, was die Masse sagt und was alle tun. Doch manchmal ist es klüger, seinen Standpunkt für sich zu behalten und die anderen im Recht zu lassen. Wir müssen niemandem beweisen, daß wir richtig liegen.

Eine harmonische Lösung dieses Problems liegt darin, die anderen so sein zu lassen, wie sie sind und sie ihren Weg gehen zu lassen. Gleichzeitig gehen wir unseren Weg und akzeptieren damit, daß es nicht immer nur eine richtige oder wahre Lösung oder Methode gibt, sondern daß mehrere Standpunkte gleichzeitig richtig sein können, je nachdem, von welcher Perspektive aus wir es betrachten.

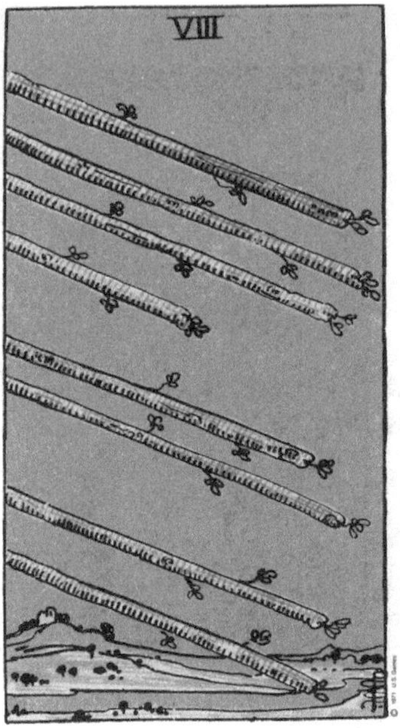

ACHT der STÄBE

Hier sehen wir ein Bild, auf dem keinerlei Personen oder Ereignisse zu sehen sind. Im unteren Bereich der Karte ist die Szenerie einer ruhigen und harmonischen Landschaft mit einem kleinen Fluß abgebildet. Links unten sehen wir ein kleines Gebäude auf einem Hügel. Die acht Stäbe auf der Karte sind alle parallel dargestellt und weisen alle von links oben nach rechts unten in exakt die gleiche Richtung.

Das kleine Haus auf dem Hügel repräsentiert den Ausgangspunkt des Handelnden, der Ort, von dem die ursprüngliche oder bisherige Handlung ausging. Und daher weisen auch die Stäbe einerseits von links nach rechts, nämlich aus der Richtung des Hauses von ihm weg, und andererseits von oben nach unten, von der Luft zur Erde. Dies bedeutet, daß die in Handlung umgesetzte Energie aus Entscheidungen hervorgeht, die in Harmonie mit dem natürlichen Fluß der Energie im Universum getroffen wurden. Wie wir sehen können, treffen diese Energien auf keinerlei Widerstände, weil sie sich im Einklang mit dem Leben oder der Natur befinden. Ohne Umwege, Ablenkungen oder gegensätzliche Energien manifestieren sich die Handlungen in dem Bereich, auf den die Stäbe zeigen, der Erde, dem materiellen Universum.

Die Aufgabe der Karte ist das Loslassen und natürliche Fließen lassen der eigenen Energie, etwas eigentlich unglaublich Einfaches, das aber den meisten Menschen unheimlich schwerfällt, da loslassen auch bedeutet, die liebgewonnene Illusion der Kontrolle, der Sicherheit und des Bedürfnisses nach Macht aufzugeben. Es bedeutet, keinen Widerstand mehr gegen das Leben zu leisten, sondern aus einem natürlichen Seins-Zustand heraus zu handeln. Viele asiatische Kampfsportarten basieren auf diesem Prinzip. Wenn man geschoben wird, gibt man dem Druck auf natürliche Weise nach und leistet so keinen Widerstand, woraufhin die Energie harmonisch umgeleitet wird. Und wenn man gezogen wird, gibt man auch dem nach und richtet die Energie in die entsprechende Richtung. Man muß sein wie das Wasser, daß sich harmonisch an jeden Zustand und an jede Form anpaßt. Der Fluß auf der Karte versucht ja auch nicht, den Hügel hinaufzufließen, sondern er fließt dort, wo kein Widerstand existiert.

NEUN der STÄBE

Auf dieser Karte ist ein Mann abgebildet, der einen Stab mit beiden Händen festhält und über seine rechte Schulter hinter sich blickt, wo weitere acht Stäbe nebeneinander stehen. Auf seinem Kopf trägt er einen Verband und sein Blick scheint skeptisch und ängstlich zu sein. Hinter den Stäben ist eine grüne Landschaft zu sehen.

Es fällt auf, daß der Mann auf weißem und neutralen Boden steht; die Stäbe hinter ihm bilden eine Art Zaun und trennen ihn dadurch von der Landschaft dahinter ab.

Die Kopfbinde weist uns darauf hin, daß seine bisherigen Handlungen, die durch die Stäbe hinter ihm symbolisiert werden, aus seinen persönlichen Wünschen und seinem Willen entsprungen sind, denn nicht sein Kopf, sondern sein Ego wurde verletzt. Er hat offensichtlich sehr unharmonisch und gegen viele Widerstände gehandelt, denn die Stäbe trennen ihn auf dem Bild von der Landschaft und damit sozusagen vom Leben ab. Er hat das Gefühl, vom Leben verletzt worden zu sein, weil nicht alles nach seinem Willen und seinen Vorlieben gegangen ist.

Die Karte fordert uns auf, unsere Handlungen nicht allein vom Ego bestimmen zu lassen und gegen den natürlichen Fluß des Lebens und der Energie zu handeln. Andererseits führt sie uns vor Augen, daß jegliche Handlung auch Konsequenzen hat und auf uns zurückfällt, wie wir ja schon früher gesehen haben. Zusätzlich ist noch der Hinweis enthalten, daß wir enttäuscht und verletzt werden, solange wir unsere Handlungen mit zu hohen Erwartungshaltungen verbinden.

Im Moment klammert sich der Mann noch an seinen Stab, weil er Angst hat, wieder verletzt zu werden, wenn er die nächste Entscheidung trifft und erneut handelt. Er muß sich also überlegen, was an seiner bisherigen Handlungsweise nicht harmonisch war, was er zu erreichen versuchte und welche Erwartungen er an seine Handlungen geknüpft hat. Er soll seine bisherige Vorgehensweise kritisch überprüfen und im Idealfall daraus lernen, denn die erlebte Verletzung war keine Strafe, sondern ein Hinweis, daß er irgend etwas bei seinen Handlungen übersehen oder nicht bedacht hat. Das Leben ist nicht daran interessiert, uns für das, was wir getan haben zu bestrafen, sondern nur daran, daß wir lernen, wachsen und uns weiterentwickeln. Wir haben die Wahl, ob wir unsere Erfahrungen harmonisch und im Einklang mit dem natürlichen Fluß der Energie im Universum machen, oder ob wir unsere Lektionen lieber hart lernen möchten.

ZEHN der STÄBE

Hier ist ein Mann abgebildet, der zehn Stäbe auf einmal trägt. Sowohl der Boden, als auch seine Kleidung sind bräunlich erdfarben dargestellt, doch seine Füße befinden sich kaum auf dem Boden. Im Hintergrund sehen wir etwas Wiese, einen kleinen Acker, ein paar Bäume sowie ein Haus abgebildet. Der Boden und die Kleidung zeigen, daß dieser Mann sehr erdbezogen ist, das Haus befindet sich hier auf ebenem Gebiet und nicht auf einem Hügel und der Akker weist uns darauf hin, daß er den Boden bearbeitet.

Der Mann geht nach vorne gebeugt und umklammert die Stäbe krampfhaft, was bedeutet, daß er die Energie der Stäbe auf dem Boden halten will. Die Stäbe sind alle mit der Spitze nach oben abgebildet. Dies zeigt, daß die Stabenergie aufstrebend ist und in Handlung umgesetzt werden will. Doch der Mann weigert sich zu handeln, er will nicht loslassen. Andererseits versucht er, alles auf einmal zu machen, anstatt seine Energie fließen zu lassen und eine Handlung nach der anderen auszuführen. Man kann deutlich sehen, wie überfordert und angestrengt er ist. Seine gebeugte Haltung zeigt die Last an, die er sich selbst auferlegt hat. Es ist so, als ob der Mann sich mit aller Kraft gegen eine Mauer stemmt, weil er glaubt, daß die Mauer umkippt, wenn er keinen Druck mehr auf sie ausübt. Doch je mehr Druck er ausübt, desto mehr Gegendruck erzeugt er damit.

Die Lösung des Problems liegt auch hier wieder im Loslassen. Hier werden wir aufgefordert, eine Handlung nach der anderen auszuführen und die Energie fließen zu lassen, anstatt sie krampfhaft in uns festzuhalten. Wenn der Mann den Druck auf die Mauer aufgibt, wird er feststellen, daß die Mauer einfach stehen bleibt, um das Bild von eben abzuschließen. In dem Moment also, in dem sich der Mann entschließt, den Stapel Stäbe einfach loszulassen und vor sich hinzuwerfen, wird seine Last nicht mehr da sein und er kann sich entspannen, um danach eine Handlung nach der anderen anzugehen.

Die Karte ist zudem ein Bild dafür, daß alles, was wir als schwer, belastend oder anstrengend empfinden, von uns selbst erschaffen wurde. Viele Menschen glauben, daß sie sich durch schwere und harte Arbeit, Plackerei und Mühsal ihre Daseinsberechtigung quasi im Schweiße ihres Angesichts verdienen müssen. Doch etwas ist immer nur dann schwer, wenn wir es so haben wollen. Es ist unsere persönliche Wahl. Es ist daher nichts Schlechtes, wenn wir die Dinge und das Leben entspannt, locker und auf natürliche Weise angehen. Im Gegenteil zeigt uns das Leben jedesmal, wenn wir etwas als unglaublich schwer und hart empfinden, daß wir loslassen sollen und uns nicht so sehr an die Dinge klammern sollen. Denn obwohl es für viele Menschen normal erscheint, daß wir leiden müssen, ist es doch nicht natürlich. Der natürliche Zustand des Lebens ist harmonisch, freudig und voller Liebe. Leiden entsteht immer dann, wenn wir festhalten, Widerstand leisten und uns dem natürlichen Fluß der Energie entgegensetzen.

BUBE der STÄBE

Der junge Mann auf der Karte steht auf erdigem Boden vor drei Pyramiden. Seine Kleidung ist rot und gelb, auf seinem Gewand sind Salamander dargestellt und auf seinem Hut ist eine rote Feder angebracht. Er hält seinen Stab mit beiden Händen und betrachtet ihn dabei.

Alle Details der Karte symbolisieren das Element Feuer: die rotgelbe Kleidung, die (Feuer-)Salamander, der Stab an sich und auch die Pyramiden im Hintergrund. Einerseits sieht eine Pyramide von der Seite betrachtet wie ein Dreieck aus, dem alchimistischen Symbol für Feuer, und andererseits leitet sich das Wort vom griechischen *pyr-a-mid* ab, was „Feuer in der Mitte“ bedeutet.

Doch hier ist das Feuerelement noch nicht in Handlung umgesetzt worden; der Bube steht auf der Stelle und betrachtet seinen Stab, als wolle er dadurch dessen Eigenschaften und Anwendungsmöglichkeiten herausfinden. Außerdem befindet sich auf seinem Hut nur eine kleine rote Feder; er bekommt erst langsam eine Vorstellung seines Energiepotentials und seiner künftigen Handlungen.

Die Person, die hier dargestellt ist, hat zwar sehr viel Feuer in sich, jedoch nutzt sie es kaum. Das kann an ihrem jugendlichen Alter liegen, da sie noch nicht gelernt hat, das Element Feuer in ihrem Leben anzuwenden und ihre Energie in Handlung umzusetzen, oder an ihrer Unentschlossenheit und Zaghaftigkeit, weil ihr auf bewußter oder unbewußter Ebene klar ist, daß ihre Handlungen Konsequenzen mit sich bringen.

RITTER der STÄBE

Auch diese Karte zeigt die gleichen Feuersymbole wie die vorige Karte, jedoch wird die feurige Energie beim Ritter der Stäbe dynamisch in Handlung ungesetzt. Er hält den Stab erhoben in seiner rechten Hand und reitet auf einem feurigen Pferd.

Der untere Teil seines Gewandes, der Federschmuck an seiner Rüstung und die Mähne des Pferdes sind wie Flammen dargestellt und vermitteln einen Eindruck von der Entschlossenheit des Ritters, seine Energie zu leben.

Die Karte ist Aufforderung, das Element Feuer ins Leben zu integrieren und geistige Vorhaben und Ideen auch aktiv in die Tat umzusetzen. Während der Bube der Stäbe nur eine kleine Feder auf seinem Hut hat, sehen wir beim Ritter der Stäbe einen prächtigen Kopfschmuck, der seinen feurigen Geist repräsentiert.

Gleichzeitig liegt in der Karte aber auch die Warnung, nicht einfach wild drauf los zu preschen und der Energie ohne Rücksicht auf Verluste freien Lauf zu lassen. Der Ritter hält sein Pferd mit der linken Hand an einem grünen Zügel etwas zurück, er wirkt der Dynamik und Kraft des Pferdes etwas entgegen. Das soll uns sagen, daß wir die Energie nicht ziellos vergeuden sollen, sondern unser Gefühl miteinbeziehen sollen, um die Energie gezielt und kontrolliert in die Richtung zu lenken, in die wir sie haben wollen.

KÖNIG der STÄBE

Der König der Stäbe sitzt angespannt auf seinem Thron, als wolle er jeden Moment voller Tatendrang aufspringen und seine immense Feuer-Energie in die Tat umsetzen. Seinen Stab hat er schon auf die Erde gesetzt, womit er uns anzeigt, daß er bald zur Tat schreiten und die Energie in Handlung umsetzen wird. Neben den üblichen Symbolen für Feuer sehen wir auf dieser Karte auch einen lebenden Salamander, der uns darauf hinweist, daß das Feuer im König der Stäbe ungeduldig darauf wartet, ins Leben integriert zu werden. Sein Untergewand ist komplett rot, während seine Schuhe und sein Schulterüberwurf grün sind. Im oberen und unteren Bereich wird somit die Feuer-Energie blockiert bzw. neutralisiert. Diese Darstellung bedeutet, daß der König der Stäbe seine Feuer-Energie nicht offen zeigt und einsetzt, sondern einerseits subtil in seinem Inneren und unter der sichtbaren Oberfläche brodeln läßt, was dazu führen kann, daß die feurige Energie sich aufstaut und plötzlich in heftiger Form entlädt und andererseits die Energie für persönliche Ego-Zwecke eingesetzt wird.

Die Aufforderung der Karte ist somit, sich seiner inneren Feuer-Energie bewußt zu werden und sie ins Leben zu integrieren ohne sie zurückzuhalten, aber vor allem, zu erkennen, daß diese Energie bei unkontrollierter Anwendung Schaden und Leid hervorrufen kann. Die Kunst ist es hier, eine Mischung zwischen der Dynamik des Feuers und einer Selbstdisziplin zu finden, die das Feuer nicht zur Waffe werden läßt.

KÖNIGIN der STÄBE

Auf dieser Karte sehen wir, wie das Feuer-Element in seine ausgeglichene Form gebracht wurde. Die Königin der Stäbe sitzt offen und selbstzentriert auf ihrem Thron und hat den Ausgleich gefunden zwischen Entspannung und Aktivität. Der Stab befindet sich auch bei ihr in der rechten, aktiven Hand, jedoch hält sie zum Ausgleich in der linken eine Sonnenblume, was uns darauf hinweist, daß sie ihre feurige Energie zwar aktiv in Handlung umsetzt, aber auch die intuitive Kraft in ihrem Inneren miteinfließen läßt. Hierdurch erhält sie sowohl Klarheit in ihren Entscheidungen, als auch in ihren Handlungen, auf der Karte durch den weißen Umhang symbolisiert. Die Feuer-Energie wird nicht ziellos oder aufgestaut herausgelassen, sondern wohlüberlegt eingesetzt.

Die Katze im Vordergrund der Karte ist ein weiterer Hinweis auf ihre Ausgeglichenheit, steht doch die Katze für das weibliche Prinzip, im Gegensatz zum männlichen, das durch den Löwen dargestellt wird. Diese Karte fordert also auf, unsere Handlungen auf der inneren Kraft und dem eigenen Selbstvertrauen und -bewußtsein aufzubauen und Entscheidungen nicht aufgrund von äußeren Einflüssen zu treffen.

Die wahre Kraft und die eigene Macht kommen immer aus dem Inneren und können auch nur dort gefunden werden. Jedoch soll diese Macht nicht mißbraucht werden, denn aus großer Macht erwächst auch große Verantwortung.

Die KELCHE

Die Kelche symbolisieren das Element Wasser, also das Gefühl bzw. das Emotionale. Die Kelchkarten sollen uns dabei helfen, wenn es darum geht, herauszufinden, wie man mit bestimmten Gefühlen in bestimmten Situationen des Lebens umgehen soll. Sie zeigen uns auf, wie wir unsere Gefühle sinnvoll zum Ausdruck bringen, und wie sich ein unbewußter Umgang mit Gefühlen auswirken kann.

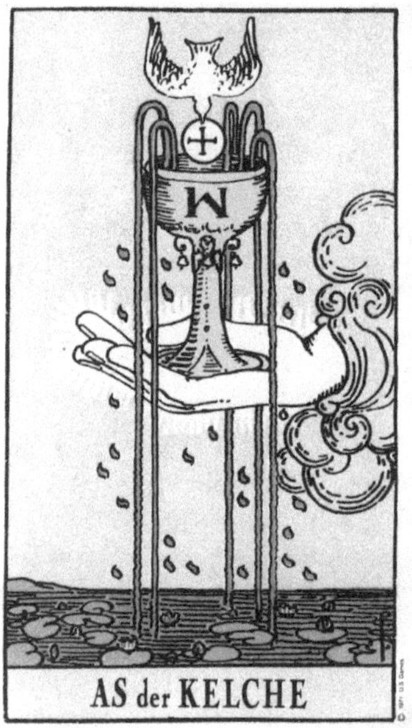

AS der KELCHE

Wie bei den anderen As-Karten, sehen wir auch hier wieder die große Hand aus der Wolke auftauchen, die in diesem Fall einen Kelch trägt, aus welchem fünf Wasserfontänen sprudeln. Oberhalb des Kelches ist eine Taube zu sehen, die eine kleine runde Scheibe mit einem symmetrischen Kreuz darauf im Schnabel trägt. Auf dem Kelch selbst ist der Buchstabe W abgebildet. Der Kelch repräsentiert das Element Wasser, und somit das Emotionale und die Liebe.

Die erste Aufforderung, die deutlich zu sehen ist, lautet, seine Gefühle und seine Liebe frei fließen zu lassen und nicht zurückzuhalten. Doch viele Menschen haben genau davor Angst, da sie glauben, daß sie ihre Gefühle und ihre Liebe einteilen oder aufsparen müßten. Die Karte zeigt deutlich, daß Liebe uns direkt aus einer unerschöpflichen Quelle zufließt und damit auch niemals versiegen kann. Die Liebe möchte nichts, als sich ständig zu geben und zu verschwenden. Die zweite Aufforderung ist demnach, unsere Gefühle und unsere Liebe nicht nur freizulassen, sondern auch nicht an Bedingungen zu knüpfen.

ZWEI der KELCHE

Auf dieser Karte sehen wir links eine Frau und rechts einen Mann abgebildet. Die Frau hält einen Kelch in ihrer rechten Hand und hält ihre linke dem Mann entgegen, während der Mann seinen Kelch in der linken Hand hält und der Frau seine rechte Hand entgegenstreckt. Die Thematik hier ist, daß die Frau das weibliche Prinzip des aktiven Gefühlsausdrucks vertritt, und der Mann das männliche des passiven Annehmens von Gefühl (das Gefühl ist der weiblichen Polarität bzw. dem Yin-Prinzip zugeordnet). Gleichzeitig sieht man die rechte Hand des Mannes aktiv in Richtung der Frau greifen, während die Frau mit ihrer linken Hand passiv annimmt. Die Kleidung des Mannes ist eher erdig, während die der Frau luftig ist. Die beiden symbolisieren damit das Gleiche wie das Yin-Yang Symbol, nämlich zwei sich gegenseitig ergänzende Kräfte, welche zusammen eine Einheit bilden.

Bedenken Sie, daß hier nicht zwei Personen gemeint sind, sondern ein Bild für einen inneren Prozeß. Der *Cadduceus* zwischen den beiden, der ja auch symmetrisch dargestellt ist, zeigt uns das gleiche Thema an, zwei Pole, die zusammen ein Ganzes ergeben und damit zum Heil führen. Nur durch die Integration beider Pole kann eine Ausgeglichenheit und Vollständigkeit erreicht werden. Und diese Pole sind im Inneren jedes Menschen vorhanden. Die Karte fordert somit auf, einen Ausgleich zwischen Geben und Nehmen, Handeln und Nicht-Handeln bzw. männlichem und weiblichem Prinzip im eigenen Inneren zu finden.

Der geflügelte rote Löwenkopf schließlich zeigt uns wieder den alchimistischen Transformationsprozeß auf eine höhere Ebene an, den wir vollziehen, wenn wir zwei Pole zu einer Einheit bzw. etwas Neuem verbinden. Das alchimistische Gesetz „Tritium non datur."

(Das Dritte ist nicht gegeben.) trifft auch hier wieder zu. Wir selbst erschaffen das (neue) Dritte, indem wir zwei Dinge miteinander verbinden. In diesem Fall unsere weibliche und männliche Seite.

DREI der KELCHE

Der Prozeß, der auf der Karte ZWEI der KELCHE begonnen hat, wird hier weitergeführt. Durch die Verbindung der zwei polaren Kräfte ist etwas Neues entstanden, nämlich Leben. Dies ist nicht nur beim Zeugungsakt so, sondern auch auf der geistigen Ebene. Wie wir bei der Karte DREI der MÜNZEN gesehen haben, basiert Schöpfung auf den drei Ebenen Gedanke, Wort und Tat, woran auch die drei abgebildeten Frauen erinnern. Sie zeigen uns das Leben in Aktion, sie genießen ihr Dasein und erheben das Leben zur freudigen Feier. Und genauso ist es auch gedacht; das Leben soll ein Fest und voller Freude für uns sein. Dies ist uns aber nur möglich, wenn wir im Leben unsere Emotionen ausdrücken. Solange wir das Leben nur passiv als etwas annehmen, das uns passiert und worauf wir keinen Einfluß haben, werden wir es als einen Kampf ansehen und ständig Widerstand gegen das Leben selbst leisten. Doch das Leben fordert von uns nichts als unser Selbst auszudrücken, in jedem Moment unseres Daseins. Das ist das Prinzip und der Sinn der Schöpfung, ein ewiger Wandlungs- und Transformationsprozeß.

Sicherheit und Stabilität sind illusionäre Ziele, das Leben ist Wandlung und Veränderung. Dies zu erkennen und in unser Leben zu integrieren, ist die Aufgabe der Karte.

VIER der KELCHE

Wir sehen auf der Karte einen Mann mit verschränkten Armen unter einem Baum sitzen. Drei Kelche stehen vor ihm und ein vierter wird ihm durch eine Hand aus einer kleinen Wolke angereicht. Der Baum ist in der Erde verwurzelt und reicht mit seiner Krone über den Rand der Karte hinaus, was uns deutlich macht, daß er hier symbolisch für die Verbindung vom Materiellen zum Geistigen steht. Der Mann unter dem Baum sollte eigentlich auch so sein, wie der Baum, mit beiden Beinen im Leben stehend und eine stabile Basis haben, aber auch seine Verbindung zum Geistigen bzw. seinem Unterbewußtsein aufrecht erhalten. Diese Verbindung nennt man auch innere Stimme oder Intuition. In diesem Fall jedoch hört der Mann nicht auf die Stimme seiner Intuition, symbolisch durch den Kelch dargestellt, der ihm aus der Wolke angereicht wird. Das kann entweder heißen, daß er den Kelch nicht sieht bzw. seine innere Stimme nicht hört, oder er will sie gar nicht hören und möchte lieber aus seinem Ego heraus Entscheidungen treffen.

Die Aufforderung der Karte ist somit klar. Es geht darum, sich seiner Verbindung zum Unterbewußtsein bewußt zu werden und auf die innere Stimme der Intuition zu hören. Eine gute Übung hierfür ist die Meditation, da wir unsere innere Stimme besser hören können, wenn wir es schaffen, die gedanklichen Aktivitäten des Geistes und des Egos in unserem Kopf ruhiger werden und in den Hintergrund treten zu lassen. „Gott" offenbart sich in der Stille, heißt es. Und interessanterweise ist die Körperhaltung des abgebildeten Mannes gar nicht so weit von der typischen Haltung bei der Sitzmeditation entfernt. Somit ist auf der Karte wieder einmal zugleich das Problem und dessen Lösung gezeigt.

FÜNF der KELCHE

Diese Karte zeigt eine Person, die in einen schwarzen Umhang gehüllt ist und nach unten vor sich auf die Erde schaut. Hinter ihr stehen zwei Kelche, während vor ihr drei Kelche umgekippt auf dem Boden liegen. Auf der linken Seite der Karte ist ein Fluß zu sehen und dahinter ein Gebäude. Auf der rechten Seite ist eine Brücke abgebildet.

Die Person mit dem schwarzen Umhang repräsentiert einen pessimistischen oder traurigen, deprimierten Menschen, der nur die für ihn unangenehmen Gefühle wahrnimmt und das Negative an seiner Situation sieht. Dies wird auf der Karte durch die drei umgestoßenen Kelche symbolisiert.

Des weiteren sieht die abgebildete Person in ihrer Blickrichtung auf den Fluß und das für sie unerreichbare Gebäude auf der gegenüberliegenden Seite.

Wir haben es hier ganz klar mit einer einseitigen Sichtweise zu tun, die in diesem Fall auf das ausgerichtet ist, was im Leben nicht funktioniert, nicht gelingen will oder nicht möglich scheint. Ich sage bewußt „nicht möglich scheint“, denn das, was möglich ist, hängt nur von unserer Sichtweise, unserer Perspektive ab. Und das ist auch das Thema der Karte: Wir sehen immer nur das, worauf wir unser Bewußtsein ausrichten. Würde die Person auf der Karte sich einmal umdrehen bzw. nach rechts sehen, d.h. die Perspektive wechseln, sähe die Lage schon ganz anders aus. Die Kelche hinter der Person repräsentieren nämlich das Positive in ihrem Leben. Außerdem würde sie bei einem Wechsel der Blickrichtung nach rechts die Brücke sehen, die über den Fluß und damit zu dem Gebäude führt.

Die Aufforderung der Karte ist somit, sich klar zu machen, das alles im Leben, alle Situationen und Ereignisse, völlig neutral und wertfrei sind. Nur unsere Betrachtung aus einer bestimmten Perspektive und mit einer bestimmten Geisteshaltung, welche auf unserem Bewußtsein beruht, macht die Situation für uns hart, schwierig oder sogar unmöglich zu schaffen. Unser Bewußtsein erschafft unsere Realität.

SECHS der KELCHE

Wir sehen hier zwei Kinder, einen Jungen und ein Mädchen, wobei der Junge dem Mädchen einen Kelch reicht. Vier Kelche stehen im Vordergrund der Karte und ein weiterer steht direkt hinter dem Jungen auf einem Steinpodest. In jedem Kelch wächst eine weiße Lilie.

Ganz links im Bild sind Treppenstufen und ein steinerner Weg zusehen, der zu dem Gebäudekomplex führt. Auf diesem Weg ist ein Wächter mit einem Speer zu sehen, der in Richtung des Gebäudes geht.

Die Hauptszene im Vordergrund, in welcher der Junge dem Mädchen den Kelch reicht, bedeutet, daß wir anderen unsere Gefühle und unser Inneres nicht vorenthalten sollen, sondern mit ihnen teilen sollen. Das Wichtige dabei ist, daß wir weder uns selbst, noch unserem Gegenüber etwas vormachen sollen, sondern völlig echt und authentisch sein sollen. Diese unverfälschte Reinheit und Klarheit wird durch die Lilie symbolisiert.

Die Szene zeigt uns zwei Kinder, und zwar deshalb, weil gerade Kinder ihre Gefühle noch nicht als „gut“ oder „schlecht“ bewerten, sondern sie einfach offen zeigen und ausleben. Die Karte wird oft mit dem inneren Kind in Verbindung gebracht, aber das ist hier nicht gemeint. Es geht hier nicht darum seine spielerische und freudige kindhafte Seite auszuleben – obwohl das nichts Schlechtes ist – sondern um Authentizität und Echtsein.

Das Gebäude im Hintergrund repräsentiert all die Institutionen, die uns gelehrt haben – oder es zumindest versucht haben – was „gut“ und „schlecht“ ist, was wir denken, sagen oder tun dürfen, und was nicht, Elternhaus, Schule, Medien, etc. Da die Szene außerhalb des Gebäudes stattfindet, bedeutet dies, daß wir unsere durch die vorgenannte Institutionen erworbenen Konditionierungen eben nicht mehr in unseren Gefühlsausdruck mit einfließen lassen sollen, sondern unsere Gefühle und Liebe frei und unzensiert geben sollen. Der Wächter links im Bild hat seine Schuldigkeit getan, wird nun nicht mehr gebraucht und kann gehen.

SIEBEN der KELCHE

Die meisten Menschen haben Wünsche, Träume und Visionen, davon, was sie im Leben einmal haben oder erreichen möchten, davon, welche Dinge sie sich erfüllen möchten, und davon, wie sie einmal sein möchten. Die meisten dieser Dinge entspringen dem Ego oder dem Verstand: Was ist sinnvoll? Was verschafft Einfluß? Was gibt Sicherheit? etc. Doch auf dieser Karte sind die verschiedenen Lebensbereiche und Möglichkeiten, im Leben zu wählen, in Kelchen abgebildet, was uns sagen soll, daß wir eben nicht mit dem Kopf wählen sollen, sondern mit dem Herzen, mit dem Gefühl oder auch aus dem Bauch heraus, also der Intuition.

Die Person im Vordergrund ist nur schemenhaft zu sehen, was bedeutet, daß sie noch keine Wahl getroffen hat, noch unentschlossen ist. Erst durch eine Entscheidung, eine Wahl wird sie sich definieren. Und hier gilt es zu wählen zwischen Schönheit und gutem Aussehen (der Kopf oben links), Besitz oder Stellung (das Schloß), Reichtum (die Juwelen), Ruhm und Ehre (der Lorbeerkranz), Macht und Einfluß (der Drache), Weisheit (die Schlange) oder die Beschäftigung mit dem geistigen Gesetzen oder auch Magie (die verhüllte Person mit der strahlenden Aura).

Die Karte fordert somit auf, sich bei der Entscheidung, was im Leben wichtig ist und Priorität hat, nach dem inneren Gefühl zu richten und dann eine Wahl zu treffen.

ACHT der KELCHE

Auf der Karte sehen wir eine Szenerie im Mondlicht, in der eine in rot gekleidete Person mit einem Stab in der rechten Hand eine felsige Stufe hinaufgeht. Im Vordergrund sind acht Kelche in zwei Reihen gestapelt und im mittleren Teil der Karte ist ein wäßriges oder auch sumpfiges von Steinen zerklüftetes Gelände zu sehen.

Zur Erinnerung sei kurz gesagt, daß der Mond im Tarot die Illusion darstellt, da er vorgibt, zu leuchten, aber dies ja nicht selbst tut, sondern lediglich von der Sonne angestrahlt wird. Auf die Szenerie bezogen bedeutet dies, daß die Person ihre Situation im Leben bzw. das Leben in der Materie als Illusion erkannt hat, als *Maya*, wie die Buddhisten sagen. Und aus dieser gefühlsmäßigen Erkenntnis heraus – denn es sind Kelche dargestellt – hat sich die Person entschlossen, dieser Illusion den Rücken zu kehren und sich auf den Weg den Berg hinauf und damit zur Quelle zu machen. Die rote Kleidung und der Stab in der rechten, aktiven Hand zeigen uns deutlich die in Handlung umgesetzte Energie.

Die Acht als die Zahl, die Wandlung repräsentiert, erinnert uns auch daran, daß hier eine Entscheidung aus dem Inneren bzw. aus dem Gefühl heraus getroffen werden soll, welches das bisherige Leben oder zumindest bestimmte Anteile davon in Frage stellen und auf eine höhere Ebene bringen und umwandeln soll.

NEUN der KELCHE

Auf dieser Karte sehen wir einen Mann, der mit weit geöffneten Beinen und verschränkten Armen auf einer Holzbank sitzt. Er trägt ein weißes Gewand und eine rote Kopfbedeckung. Hinter ihm sehen wir neun Kelche nebeneinander aufgestellt auf einer Art halbrunden Empore, über die ein blauer Stoffüberwurf gehangen wurde.

Auf den ersten Blick verwirrt die Person im Vordergrund durch ihre paradoxe Körperhaltung. Einerseits symbolisieren die offenen Beine eine ebensolche Geisteshaltung, jedoch passen bei genauerer Betrachtung die passiv abwartenden verschränkten Arme nicht recht dazu. Aus diesem Grund müssen wir eine Differenzierung treffen und die beiden Körperhälften einzeln betrachten, um das scheinbare Paradoxon aufzuheben.

In der oberen Körperhälfte, in der sich ja auch der Kopf und damit der Verstand befindet, wird uns durch die rote Mütze geistige Aktivität angezeigt. Der Mann repräsentiert also jemanden, der eher zu rationalem oder intellektuellem Denken neigt. Seine vor der Brust verschränkten Arme trennen einerseits die untere Körperhälfte quasi von der oberen ab, und zeigen andererseits die Unterdrückung der gefühlsmäßigen Seite, sind doch die Arme genau vor dem Herzen verschränkt.

Seine untere Körperhälfte steht für Offenheit und Aufnahmebereitschaft, womit wir den ersten Hinweis darauf hätten, daß hier eine innerlich einseitige Situation vorliegt, in der es zwar dringend nötig wäre, auf das Gefühl, den Bauch oder das Intuitive zu hören, das ja der unteren Körperhälfte zugeordnet ist, diese Botschaften jedoch vom logischen Verstand ignoriert und unterdrückt werden.

Außerdem wendet der Mann den Kelchen und dem blauen Tuch den Rücken zu, was uns wieder darauf hinweist, daß er sein Gefühl ignoriert, ihm sozusagen den Rücken kehrt. Das Tuch wiederum läßt den Eindruck aufkommen, als werde dahinter etwas verborgen oder zurückgehalten, daß nicht für jeden bestimmt ist.

Die Aufgabe, die in der Karte steckt, ist es daher, sich seines großen Potentials an Gefühl oder intuitiver Fähigkeit bewußt zu werden und diese auch zu nutzen, auch wenn der rationale Verstand dies nicht immer verstehen oder einordnen kann. Es gilt, einen Ausgleich zu schaffen und die geistigen Fähigkeiten und das logische Denken durch intuitives Erfühlen und Kommunikation mit der inneren Stimme und dem eigenen emotionalen Anteil zu ergänzen. Denn ohne die intuitive, phantasievolle, kreative und gefühlsbetonte Seite ist der Mensch nur ein halber. Erst durch das Ausleben und Nutzen beider Seiten wird er vollständig und damit in die Lage versetzt, sein volles Potential auszuschöpfen und in sein Leben zu integrieren.

ZEHN der KELCHE

Auf dieser Karte ist vollendet, was auf der vorigen Karte noch im Prozeß des Entstehens begriffen war, das volle Potential wird ausgeschöpft und das Leben steht in voller Blüte. Die beiden Personen vorne links auf der Karte ergänzen sich gegenseitig zu einem Ganzen, sie harmonisieren in idealer Weise und repräsentieren eine ausgeglichene Situation zwischen den männlichen und weiblichen Urkräften, die ja auch als Yin und Yang bezeichnet werden.

Die Kinder rechts unten symbolisieren die kreativen und produktiven Ergebnisse der harmonischen und ausgeglichenen Situation, werden doch Ideen, Projekte und Ergebnisse auch als geistige Kinder bezeichnet.

Die Zehn als Zahl weist darauf hin, daß es sich hier um den Abschluß eines Zyklus handelt. Alles im Leben verläuft in immer wiederkehrenden und sich wiederholenden Mustern oder Zyklen. Daher kann bei dieser Karte auch davon ausgegangen werden, daß sich eine starke Wandlung im Inneren vollzogen hat oder gerade stattfindet. Aus diesem Grund muß auch darauf geachtet werden, daß die Harmonie nicht krampfhaft festgehalten werden sollte, sondern einfach als Teil des Weges angenommen und akzeptiert werden sollte, denn diese Harmonie wird nicht ewig anhalten, sondern wird sich natürlich in einen anderen Zustand wandeln und sich verändern so wie sich alles immer verändert. *Panta rei.*

Zudem sollten wir bedenken, daß wir innerhalb der Polarität eine harmonische Situation nur als solche wahrnehmen und erfahren können, wenn es auch das Gegenteil davon bzw. disharmonische Situationen gibt. Nur wer den Regen kennt, weiß auch den Regenbogen zuschätzen.

BUBE der KELCHE

Dieser Bube steht vor dem fast ruhigen Meer und hält in seiner rechten Hand einen Kelch, in dem ein kleiner Fisch zu sehen ist. Seine Kleidung besteht aus hellroten und -blauen Pastelltönen, seine Kopfbedeckung erinnert in Form und Farbe an Wasser und kleine Wellen.

Das Meer wirkt unscheinbar und flach, genau wie der Bube selbst; der Fisch im Kelch erinnert an den Spruch vom Sturm im Wasserglas.

Wir haben es hier mit einem recht oberflächlichen Menschen zu tun, der noch nicht in die Tiefe des Lebens eingetaucht ist, dies jedoch selbst nicht wahrhaben will. Für ihn ist der Fisch in dem Kelch ein großer Fang und seine Mütze zeigt, daß er intellektuell auch bei kleinen Dingen große Wellen schlägt. Er ist selbstzufrieden und geradezu stolz auf die Erkenntnisse und Errungenschaften seiner kleinen Welt, auch wenn diese meist noch eine Scheibe ist.

Die Lernaufgabe der Karte ist damit klar, es geht um Tiefgründigkeit. Dieser Mensch soll lernen, daß die Dinge oftmals mehr Schein als Sein sind und das wahre Leben erst unter der Oberfläche beginnt. Es geht in unserem Dasein um mehr als die üblichen Banalitäten und Kleinigkeiten, die das Leben vieler Menschen beherrschen. Erst wenn wir anfangen, dem Meer und damit dem Leben nicht mehr den Rücken zuzukehren, können wir aufhören, Nichtigkeiten zu Problemen zu erheben, weil wir erst dann lernen werden, daß es keine Probleme gibt, außer denen, die wir uns selbst machen oder einreden. Wenn wir erst in die Tiefe des Lebens und unseres eigenen Geistes eindringen, werden wir nachher über unsere früheren Probleme lachen können.

RITTER der KELCHE

Die an den Götterboten Hermes oder Merkur erinnernden Flügel an Helm und Stiefeln zeigen es an: er ist ein Bote, der die Gefühle und Botschaften seines Unterbewußtseins und seines Inneren in die Welt trägt und ins Leben integriert.

Der angezeigte Fluß zeigt uns, daß er von der Statik des Buben abgekommen ist und seine Gefühle fließen läßt. Er ist noch nicht angekommen, aber wichtiger ist, daß er auf dem Weg ist. Und der Weg ist das Ziel, wie uns eine buddhistische Weisheit verrät. Es geht nicht ums Ankommen, sondern um das Genießen, Auskosten und Gehen des Weges. Wer ständig nur auf der Jagd nach der Erleuchtung ist, wird sein eigenes Wachsen und Vorankommen gar nicht genießen können.

Der Ritter der Kelche weist uns somit darauf hin, daß wir unsere Gefühle und Bedürfnisse zwar leben und herauslassen sollen, jedoch dabei nicht vergessen sollen, daß es keine Zeit gibt, außer dem Hier und Jetzt.

Der Blick des Ritters geht weit nach vorne und sein Geist wird wahrscheinlich in Gedanken schon die Möglichkeiten der Zukunft abwägen. Dies ist an sich nicht schlecht, nur sollte er, wenn das getan ist, wieder in die gedankliche Gegenwart zurückkehren, um im Jetzt die Grundlage für seine spätere Zukunft zu legen.

KÖNIG der KELCHE

Der König der Kelche sitzt auf einem steinernen Thron inmitten des weiten Ozeans. Seine Kleidung ist blau, wie das Wasser, jedoch hat er zusätzlich einen rot-gelben Umhang um. Auch seine Kopfbedekkung unter der gold-roten Krone ist blau und er trägt einen Fisch an einer Kette um den Hals. Weiterhin hält er einen Kelch in seiner rechten Hand und ein Zepter in seiner linken. Links hinter dem Thron springt gerade ein Fisch aus dem Wasser und auf der rechten Seiten des Bildes ist hinter dem Thron ein rotes Schiff sichtbar.

Das Bild, das hier vermittelt werden soll, ist gut zu erkennen: Der König ist zwar mitten auf dem Meer, aber dennoch von ihm getrennt. Während um ihn herum das wahre Leben stattfindet, stellvertretend durch den Fisch und das rote Schiff dargestellt, zieht es der König vor, sich in seine eigene kleine Welt zurückzuziehen, in der er die Grenzen bestimmt und sicher fühlt. Besonders das Thema der (Selbst)Begrenzung ist gut sichtbar, wird doch die Plattform, auf welcher der Thron steht, scharf abgegrenzt und rechteckig dargestellt.

Die Gründe für die gezeigte Abgrenzung vom Leben und der emotionalen Seite – symbolisiert durch den Ozean – sind in diesem Falle die mangelnde Integration dieser Seite des Lebens zugunsten einer rational und intellektuell betonten Weltsicht. Das wird uns einerseits dadurch gezeigt, daß der König den Kelch in der rechten Hand hält, was uns darauf hinweist, daß er seine Gefühle intellektualisiert, und andererseits durch die Kleidung, die er trägt. Wenn man bedenkt, daß die Farbe blau sowohl für das Wassers, als auch für das Gefühl steht, wird klar, daß auch die Krone und der Umhang als weltlich materielle Symbole der Macht und der Stellung hier symbolisch das Gefühl in Form der blauen Kleidung überdecken.

Die Aufgabe der Karte ist die Integration der emotionalen Seite des Lebens sowie der Abbau der selbst errichteten Grenzen.

KÖNIGIN der KELCHE

KÖNIGIN der KELCHE

Die Königin der Kelche sitzt zwar auch auf einem steinernen Thron, jedoch ist dieser nicht so einfach strukturiert gebaut, wie der des Königs der Kelche. Dieser Thron hier ist mit Verzierungen und Abbildungen von kleinen Wasserwesen versehen und steht an einem Strand. Die Königin selbst trägt weiße Kleidung und einen leichten weißblauen Umhang. Ihre Füße sind kaum zu erkennen; es scheint, als würden sie mit dem Wasser verschmelzen und ohne Unterbrechung in dieses übergehen.

Der Kelch, den die Königin in beiden Händen hält, ist in einer prachtvollen Ausführung dargestellt. Oben auf dem Kelch kann man ein Kreuz sehen und an beiden Seiten des Kelches sind zusätzliche Halterungen angebracht, die jeweils ein geflügeltes, engelartiges Wesen darstellen. Die Abbildung des Kelches hat unglaubliche Ähnlichkeit mit einem Artefakt der biblischen Geschichte – der Bundeslade. Auch diese ist laut Angaben der Bibel aus Gold und mit zwei geflügelten Wesen darauf hergestellt worden. Die Bundeslade diente der Überlieferung nach als Mittel zur Kommunikation mit „Gott“. Auch wenn ich persönlich nicht glaube, daß man einen goldenen Kasten benötigt, um mit „Gott“ zu sprechen, geht es mir hier in erster Linie um das symbolische Bild, das auf der Karte verwendet wird. Der Kelch auf dieser Karte steht auch für die Kommunikation mit dem „Göttlichen“. Der Blick der Frau ist auf den Kelch gerichtet und ihre Haltung wirkt sehr kontemplativ oder meditativ. Ihre Aufmerksamkeit ist nach innen gerichtet, auf das „Göttliche“ *in ihr*. Aber um die Erklärung vollständig zu machen, müssen wir uns wieder der Astrologie bedienen. Das Meer ist dem Zeichen der Fische zugeordnet, dessen Herrscher der Planet Neptun ist. Man könnte es in einem Bild ausgedrückt so erklären, daß wenn jeder Mensch ein Wassertropfen wäre, „Gott“ das Meer wäre. Und das Prinzip, welches für die Auflösung der Grenzen zwischen den einzelnen Tropfen steht, wird durch Neptun symbolisiert. Die Abbildung der Königin am Rande des Meeres und die Tatsache, daß ihre Füße nicht mehr klar zu erkennen sind und mit dem Meer zu verschwimmen beginnen, gibt uns einen Hinweis auf die tiefere Bedeutung der Karte, nämlich daß „Gott“ oder das „Göttliche“ niemals außerhalb des Menschen gefunden werden kann, sondern nur im Inneren. Deshalb ist es für die Kommunikation mit dem „Göttlichen“ notwenig, den Blick und die Aufmerksamkeit nach innen zu richten.

Bei EDITION ESOTERICK PUBLISHING sind außerdem erschienen:

• **Die NEUE MEDIZIN.**
Grundlagen zum Verständnis von Krebs
und anderen biologischen Programmen
von Lars Peter Kronlob

• **Keine Angst vor HIV. Gib den Fakten eine Chance**
von Lars Peter Kronlob

• **Die Philosophie des Satanismus**
von *Lars Peter Kronlob*

• **Dissident. Freiheit beginnt im Kopf**
von *Lars Peter Kronlob*

• **Might is Right. Die Philosophie der Macht**
von Ragnar Redbeard

• **Götterschmiede. Kleines Handbuch zum Übermenschen**
von Onkel Urian

• **Tiergott Mensch. Die Sozialdarwinistische Mystik**
von Onkel Urian

• **Die 68er-Verschwörung. Die Herrschaft der Unfähigen**
von Holger Pinter

• **Macht, Erfolg und andere Werte.**
Sozialdarwinistische Ethik in Theorie und Praxis
von Holger Pinter

• **Nihilistic Degenerator.**
Von Abschaum und Untermenschen
von Stiff Chainey

• **Giftherz. Roman**
von Stiff Chainey

• **The Devil's Avenger.**
Eine Biographie von Anton Szandor LaVey
von Burton H. Wolfe

• **Hommage an Anton LaVey.**
Eine Festschrift zum 80. Geburtstag des Gründers der Church of Satan
von Jack Fritscher, Eugene Robinson, Peter H. Gilmore, Oliver Fehn u.a.

Bei EDITION ESOTERICK PUBLISHING sind außerdem erschienen:

- **Apollon und Dionysos. Zwei Urkräfte der Magie**
von Frank Lerch

- **Chaosmagie. Grundlagen und Hintergründe**
von Jaq D. Hawkins

- **Mögliches, Allzumögliches**
Kompromißlose Essays vom anderen Ende der Denkbarkeit
von Ben Void

- **Die leeren Ewigkeiten**
Philosophisches vom anderen Ende der Abgründe
von Ben Void

- **Wer ist (wie) Jahwe?**
Warum der Gott der Juden und Christen als Wolke auftrat
von Martina Döhring

- **Vampire wollen nur das Eine.**
Ein Buch über Sex, Blut und menschliche Abgründe
von Oliver Fehn

- **Tanz der Verwundeten Seelen.**
Eine kosmische Betrachtung von Co-Abhängigkeit
und des menschlichen Dilemmas
von Robert Burney

- **Grundlagen der esoterischen Astrologie.**
Erkenntnis und Transformation innerer Muster
von Martina Döhring

- **Der Weg des Voodoo. Von den Grundlagen zur Praxis**
von Papa Nemo

- **Die Haut der Echsenfrau. Ein FUTUREPIG-Comic**
von Pavel Lujardo

- **Ich will meine Wahrheit mit Freude leben**
Mein Leben begann erst mit dem Brustkrebs
von Rakuna

- **SCHWARZ & MAGISCH.**
Magazin-Reihe für Magie und Okkultes Wissen
Ausgaben 1-5